NADAR ou AFUNDAR

Milo e Thuy Sindell

NADAR OU AFUNDAR

Emprego novo, chefe novo: você tem 12 semanas para ser indispensável

Tradução
Giorgio Cappelli

Editora Gente

Editora
Rosely M. Boschini

Assistente editorial
Rosângela Barbosa

Capa e Produção
Marcelo S. Almeida

Projeto Gráfico e Diagramação
Editora Gente

Revisão
Jô de Melo

Título original: *Sink or Swim: New Job. New boss. 12 Weeks to Get it Right.*

Rua Pedro Soares de Almeida, 114
São Paulo, SP, CEP 05029-030
Tel: (11) 3670-2500
Site: http://www.editoragente.com.br
E-mail: gente@editoragente.com.br

Dados Internacionais de Catalogação na Publicação (CIP)
(Câmara Brasileira do Livro, SP, Brasil)

Sindell, Milo

Nadar ou afundar : emprego novo, chefe novo : você tem 12 semanas para ser indispensável / Milo e Thuy Sindell ; tradução Giorgio Cappelli. — São Paulo : Editora Gente, 2007.

Título original: Sink or swim : nem job, new boss, 12 week to get it right
ISBN 978-85-7312-526-9

1. Auto-projeção 2. Carreira profissional - Desenvolvimento 3. Sucesso profissional 4. Trabalho I. Sindell, Thuy. II. Título.

06-9283 **CDD-650.1**

Índice para catálogo sistemático:

1. Sucesso no emprego novo : Administração de empresas
650.1

Sumário

Agradecimentos

Gostaríamos de agradecer a todos os grupos de autores que sempre nos inspiraram a ser e a fazer o nosso melhor. Em especial, queremos agradecer a Gerald Sindell, por seus esforços e incentivo com relação a este livro, do começo ao fim. Somos gratos por você nos ter ajudado a encontrar nossa voz.

Somos gratos ao nosso empresário, Michael Snell, e ao editor de aquisições, Jill Alexander, pelo entusiasmo com relação ao poder, ao impacto e ao potencial de *Nadar ou Afundar*.

Queremos agradecer também a Sue Bethanis, Anthony Perry e Jeff Sanders, pelo exame tão detalhado e de tão alto nível que fizeram em nossos originais. Seus esforços deram ao produto final um valor e tanto. Somos gratos por vocês terem arrumado um tempo em seus prazos malucos, priorizando este livro.

Finalmente, queremos agradecer às seguintes influências profissionais em nossas vidas: Marshall Goldsmith, Beverly Kaye, Sal Falletta e Sue Bethanis. Somos gratos por sua generosidade e suas orientações.

Milo e Thuy Sindell

Prefácio à edição brasileira

Construir uma carreira profissional dentro de uma nova empresa pode ser comparado a uma jornada que você tem de fazer a nado. Muitas vezes vai encontrar calmarias, outras vezes vai ter de nadar em plena tempestade.

Para alcançar o sucesso, você precisará ter um objetivo certo, o preparo certo, as técnicas certas e, principalmente, continuar sempre nadando rumo a esse objetivo. Se parar, afunda. E mesmo aqueles que optarem por permanecer boiando nessas águas também acabarão, mais dia, por afundar.

Independentemente das características da empresa que o contratou – se ela tem um esquema de trabalho que se assemelha à maré mansa ou se vive numa sangria desatada, mais parecendo um maremoto –, a decisão sobre o que fazer com seu novo emprego estará sempre em suas mãos. É nadar ou afundar! Você é quem escolhe.

Importante: seus objetivos devem ser alinhados – por você, é claro – com os objetivos da empresa em que trabalha. Só assim você e a empresa continuarão nadando na mesma direção. Só assim seus esforços para continuar nadando serão realmente aproveitados – tanto por você mesmo quanto pela empresa que o contratou.

Mas por que é tão importante cuidar do seu novo emprego? Pelo simples fato de que ele é parte importante da sua vida. Se você optou por batalhar uma vaga nessa empresa, é porque tem esperanças de encontrar sua realização pessoal aí. E, já que você conseguiu ser contratado, o melhor é preparar-se para dar a si mesmo todas as chances de ter sucesso.

Este livro vai compartilhar com você os segredos das *"Aptidões Nadar ou Afundar"* e ensiná-lo a aplicá-las no seu dia-a-dia profissional, de modo a ter êxito nessa nova jornada.

Nadar ou Afundar é um livro prático-conceitual, que contém informações básicas para o entendimento de como as coisas funcionam nos relacionamentos dentro de uma empresa, além de ser um guia semanal que vai ajudá-lo a obter um maior aproveitamento das experiências que você vivenciará em seu novo emprego.

Mas e se você não está começando agora no seu emprego? Não se preocupe. À medida que for lendo o livro e aplicando suas técnicas, vai perceber que, além de ser uma excelente ferramenta para quem acabou de conseguir um emprego, o conteúdo também é ótimo para quem já tem um, mas quer retomar o entusiasmo na carreira. Fornece também uma excelente bagagem para quem ainda não conseguiu um emprego, mas está se preparando para os testes e entrevistas em empresas que lhe interessam.

Lembre-se, também, de que é cada vez mais importante para o profissional ser criterioso e fazer uma seleção da empresa em que quer trabalhar cuidadosamente. A sedução por um salário maior, muitas vezes, leva os profissionais a deixar de investigar, mesmo no processo de seleção, se aquela empresa possui os atributos (projetos, cultura, chefias) que serão importantes em seu projeto de vida e para sua felicidade. Três meses depois, eles se esquecem do salário maior, pois esses fatores pesarão mais e farão a diferença.

Uma dica para o melhor aproveitamento do conteúdo do livro: faça, a princípio, uma leitura atenciosa do capítulo "Preparando a bagagem", que contém as informações e os conceitos básicos de que você vai precisar em seu dia-a-dia. Depois, leia um capítulo a cada semana, aplicando simultaneamente as técnicas sugeridas para aquela semana. Este livro tem o objetivo de ajudá-lo a tornar-se um campeão na empresa em que escolheu trabalhar. Aqui você conhecerá muitas das regras do jogo. Mas os seus resultados dependerão do quanto delas você vai colocar em prática. Por isso, comece a nadar agora. E não pare jamais.

Adriano Lima
Vice-Presidente de Recursos Humanos América do Sul
MasterCard WorldWide

Preparando a bagagem

Parabéns! Você se esforçou muito para achar a empresa certa, agiu direitinho para que seu currículo chegasse ao topo da pilha e se saiu muito bem com os entrevistadores. Agora, o emprego é seu.

Você está partindo para uma aventura que vai obrigá-lo a nadar em águas inexploradas. Seu destino está claro: ter êxito em seu novo emprego! No entanto, para alcançar seu objetivo, será necessário permanecer no curso correto, tomar decisões sensatas e continuar "nadando".

Atingir o sucesso máximo em seu novo emprego exigirá que você se torne um campeão. Mas o que quer dizer "tornar-se um campeão"? Significa que deverá manter suas escolhas sempre sob controle. Em termos específicos, isso significa que você:

1. Sempre deverá procurar oportunidades, em qualquer situação.
2. Precisará conhecer bem os seus pontos fortes e descobrir onde suas contribuições têm valor.
3. Precisará saber onde e como solicitar auxílio.

Agora, encontra-se em suas mãos o colete salva-vidas do seu novo emprego: um guia semanal para realizar feitos geniais durante as doze primeiras semanas de trabalho. Não importa se você vai começar a trabalhar na empresa que o contratou na próxima semana ou se já iniciou suas atividades. Hoje é o dia em que vai atirar-se de cabeça nessas novas águas e começar a nadar com energia e na direção certa.

Este livro indicará a você a bagagem essencial que precisará levar nessa empreitada. Ele vai fornecer o que chamamos de *"As Cinco Aptidões Nadar ou Afundar"*, que você deve dominar, de modo a tornar-se um campeão na sua área profissional e ter sucesso nessa nova jornada.

Por que isso é importante?

Durante os últimos quarenta anos, o contrato social implícito entre empregadores e empregados sofreu mudanças. De acordo com o contrato antigo, os empregadores agiam como figuras paternas e forneciam aos empregados uma estrutura e um incentivo que duravam a vida toda. Em troca, os funcionários respondiam com trabalho árduo e fidelidade.

Hoje em dia, o conceito de um emprego que dure a vida toda é inimaginável e, às vezes, até indesejável. Com o passar do tempo, muitos funcionários ficam entediados e encontram vantagens na mudança de emprego. Pior até: se você presta contas a um chefe que não o trata bem, muitos anos na mesma situação podem ter um efeito desanimador.

As empresas entendem que o contrato mudou, que os funcionários não estão mais casados com elas. Para manter os empregados, as companhias devem oferecer uma série de benefícios. Firmas inteligentes compreendem que não basta um salário competitivo para atrair e reter bons profissionais; programas que dão respaldo aos seus interesses e às suas necessidades são igualmente necessários, além de oferecer-lhes a oportunidade de aprender novas aptidões ou alcançar novos postos dentro da empresa.

Mas, mesmo com toda a preocupação por parte das empresas, é importante entender o seguinte: você é o dono da *sua* carreira. Você é responsável pelo estabelecimento dos seus objetivos profissionais, pela identificação e desenvolvimento das aptidões corretas e pelo que vai somando ao seu currículo. Sempre que agrega conhecimento, você se torna ainda mais valioso para o mercado de trabalho.

Assim, por mais inteligentes que as firmas sejam, você, como funcionário, tem a obrigação de ser igualmente inteligente e dar o máximo de si. E tem duas atribuições principais:

1. A responsabilidade, perante a empresa, de desempenhar adequadamente a função para a qual foi contratado.
2. A responsabilidade, perante si próprio, de desenvolver suas aptidões, criar e identificar oportunidades de crescimento e administrar sua carreira.

A empresa deve expressar com clareza o que espera de você; contudo, você também deve deixar claras as suas expectativas com relação a seu empregador. O que quer em troca da contribuição com suas capacidades, aptidões e experiência? Além do seu salário e dos benefícios de uma assistência médica, o que mais você deseja? O que acharia de ter oportunidades de aprendizado, de modo a ampliar suas aptidões e o seu valor profissional no mercado? Que tal uma promoção? Ou um ambiente de trabalho positivo? Você não terá o que quer sem saber o que deseja.

Este livro vai fornecer-lhe as aptidões e ferramentas necessárias para fortalecer seu relacionamento com seu empregador e transformá-lo em um campeão na sua área profissional.

Como usar este livro

Sabemos como é começar em um novo emprego. Trata-se de uma experiência que mistura entusiasmo com tensão nervosa. Mas, acima de tudo, é uma oportunidade que deve ser aproveitada ao máximo.

Por isso, antes de dar seu próximo passo, leia atentamente a seção das *Cinco Aptidões Nadar ou Afundar* deste capítulo. Como em tudo o mais que existe, é importante compreendermos o que precisamos fazer e por quê, antes de partirmos de fato para a ação. Depois, você encontrará informações semanais detalhadas sobre como colocar as aptidões em prática. Durante suas doze semanas iniciais no emprego, use a semana correspondente como guia para poder se concentrar nas aptidões corretas, bem como desenvolvê-las na ocasião certa, planejar suas atividades e criar o impulso rumo ao sucesso.

Doze semanas

Você tem como missão acelerar ao máximo a sua adaptação e a sua integração ao novo emprego nas doze primeiras semanas na empresa. Por que doze semanas? Na maioria dos casos, existe um período de cerca de noventa dias, muitas vezes chamados de "período de experiência", durante os quais você e a empresa decidem se é conveniente manter ou não o contrato de trabalho. Portanto, a primeira impressão que você deixa é crucial, principalmente se lhe interessa permanecer no emprego e crescer dentro dele.

Você só terá noventa dias para nadar a favor da corrente e manter a cabeça acima da linha da água. Lembre-se: as pessoas o estão observando e avaliando; use isso de modo positivo, a seu favor.

As cinco aptidões Nadar ou Afundar

Nosso objetivo com este livro é ajudá-lo a obter o máximo da sua nova oportunidade de emprego, utilizando as *Aptidões Nadar ou Afundar* nas horas certas. Veja o que você vai aprender:

Sobre seus objetivos: tenha em mente, de forma bastante nítida, qual sua tarefa, suas responsabilidades e até onde você deseja ir em sua carreira na nova empresa. *Estabeleça objetivos para chegar aonde quer.*

Sobre seu tempo: conheça os elementos mais importantes do gerenciamento eficiente do tempo e aprimore sua aplicação, a fim de obter os melhores resultados. *Seja produtivo e concentrado.*

Sobre seus conhecimentos: tenha os conhecimentos certos para desempenhar sua função, desenvolver sua rede de recursos e identificar formas para desenvolver suas próprias aptidões; e compartilhe com os outros aquilo que sabe. *Tenha a informação correta quando precisar e demonstre aos outros o seu valor.*

Sobre sua equipe: aprenda o significado do termo "membro de equipe" e saiba como se tornar um, mesmo se não fizer parte de uma equipe. *Trabalhe bem com os outros e construa uma rede duradoura de parcerias.*

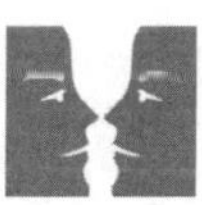

Sobre sua imagem: você vai concentrar-se em aptidões e em atitudes sutis para identificar e moldar a imagem profissional correta. *Comunique com nitidez quem você é e quais as suas convicções.*

Para facilitar o reconhecimento das *Cinco Aptidões Nadar ou Afundar* durante a leitura, cada uma delas será representada por um símbolo (como na lista acima), que aparecerá ao longo do texto, a fim de mostrar em que ponto você se encontra no seu caminho rumo ao sucesso.

Aptidão Nadar ou Afundar número 1: Objetivos

Seu novo emprego apresenta muitas oportunidades promissoras. Mas para aproveitar a maioria delas é necessário definir o que se almeja. Muitos falam sobre o que querem; poucos, porém, alcançam de fato seus sonhos. Isso ocorre porque não estabelecem objetivos eficazes.

Transformar desejos em objetivos exige um nível diferente de comprometimento. Quando temos objetivos claramente definidos, não ficamos sentados esperando os acontecimentos. Ao contrário, nós nos transformamos em participantes ativos de nossa vida e nossos desejos se tornam realidade. Ter objetivos nitidamente definidos significa que mesmo a nossa menor ação faz parte de algo importante. Tal percepção dá a cada tarefa um significado e um contexto maiores.

Costumamos estabelecer objetivos não realistas, com os quais não nos comprometemos de verdade – como passar fome até perder cinco quilos em uma semana, para poder "entrar" naquele jeans que é um número menor que o seu e você comprou só porque estava em liquidação.

Estabelecer objetivos eficientes exige que você:

1. Crie objetivos alcançáveis.
2. Comprometa-se com esses objetivos.
3. Determine o que é sucesso para você.
4. Elabore um plano para alcançar a sua meta.

1. Crie objetivos alcançáveis

A probabilidade de realizar seus objetivos aumenta quando você se compromete com alguns conceitos básicos:

a. Estabelecer objetivos que sejam realistas e lhe ofereçam um desafio.
b. Estabelecer objetivos que não sejam contraditórios uns com os outros.

c. Estabelecer objetivos que estejam sob seu controle.
d. Estabelecer objetivos que sejam positivos e reflitam o que você quer de fato.

Com relação a traçar seus objetivos, você tem de ser realista. Estabelecer como meta acabar com a fome no mundo, por exemplo, é algo parecido com querer enfrentar um maremoto em uma prancha de surfe. Mas isso não significa que você deva desistir de seu objetivo. Divida-o em partes menores, mais fáceis de administrar. Ao fazer isso, você descobrirá que existem vários objetivos menores que, uma vez alcançados, o levarão ao seu objetivo maior.

É fundamental que você se desafie sempre. Estabeleça metas com diferentes graus de dificuldade, que lhe darão um gostinho especial ao ser realizadas. Qual é a vantagem de estabelecer uma meta medíocre, que lhe traz apenas felicidade relativa e satisfação efêmera? Não será melhor definir objetivos que o obriguem a empenhar-se cada vez mais e a dar o máximo de si?

Seus objetivos não podem ser contraditórios. Digamos que você tenha por meta economizar dinheiro suficiente para dar entrada em sua primeira casa no próximo ano e, ao mesmo tempo, planeje conhecer todos os restaurantes sofisticados de sua cidade. Buscar esses dois objetivos, simultaneamente, pode ser muito complicado, uma vez que eles se contradizem. Se você tem por meta economizar dinheiro, os restaurantes sofisticados vão ter de esperar.

Defina objetivos de modo a poder assumir as rédeas da situação e a obrigar-se a dar o melhor de si. Às vezes, estabelecemos metas que nos tornam dependentes de algo sobre o qual não temos controle ou que nos exigem ações fora do nosso alcance. Você não pode forçar o seu máximo quando nem tem controle sobre as conseqüências.

Suponha, por exemplo, que você almeje o respeito de seu chefe. É um desejo comum; muitos funcionários querem isso. Mas, quando você estabelece como meta "Quero que meu chefe me respeite", acaba entregando o controle às mãos dele. Os resultados não ficarão sob seu comando nem exigirão que você desenvolva habilidades para obter sucesso.

Uma meta semelhante, mas que se mantém sob seu controle, é algo como "Vou criar um relacionamento positivo com meu chefe, atualizar-me profissionalmente de modo regular e tentar compreender as expectativas dele quanto a mim, para que eu conquiste o seu respeito".

Faça afirmações positivas com relação a seus objetivos e ao comportamento necessário para atingi-los. Por exemplo, a meta "Não vou estourar meus prazos finais" dá ênfase ao seu atual comportamento negativo de estourar prazos.

Por outro lado, quando declara seu objetivo positivamente, dizendo "Vou cumprir meus prazos", você se concentra em uma ação futura diferente do seu padrão atual e no que precisará para que ela se realize. Suas palavras moldam uma direção positiva para seus esforços.

2. Comprometa-se com seus objetivos

Agora que você já sabe o que quer, é importante comprometer-se em realizá-lo. Será que basta desejar perder peso ou é necessário comprometimento para que a dieta funcione?

A maioria de nós estabelece objetivos com os quais não se compromete de verdade. E, sem compromisso, seus objetivos não serão atingidos.

Ao fim, anote seus objetivos. É incrível como as pessoas deixam de fazer isso e rapidamente esquecem o que desejavam alcançar. O ato de anotar seus objetivos é a primeira etapa na direção de torná-los uma realidade.

3. Determine o que é sucesso para você

Se você perguntar a alguém que atingiu seus objetivos qual foi o seu método, em geral descobrirá que a pessoa tinha uma forma de identificar seus progressos ao longo do caminho.

Pessoas que atingem seus objetivos sabem exatamente qual é a aparência que tem o sucesso, muito antes de tê-lo alcançado. Para isso, defina qual é a aparência que o seu sucesso terá. Imagine-se atingindo sua meta e responda:

O que vai mudar? – Qual a diferença entre a situação em que você se encontra hoje e aquela em que estará ao atingir o sucesso?

O que você verá? – Qual será a aparência do produto final? As pessoas ficarão mais interessadas em conversar com você? Você vai ter mais convites para reuniões? Ganhará prêmios por ter atingido sua meta? Terá o reconhecimento da sua equipe?

O que você ouvirá? – Como conversará com os outros acerca da realização de seus objetivos? As pessoas terão experiências positivas ao trabalhar com você?

Como você se sentirá? – Aliviado? Encantado? Entusiasmado? A experiência terá sido positiva? Você sentirá que trabalhou com empenho para atingir o sucesso?

4. Elabore um plano para chegar aos seus objetivos

Após ter identificado seus objetivos, a etapa seguinte é elaborar um plano que o conduzirá à sua realização. Um plano de ação eficiente funciona como um mapa, definindo marcos, tarefas, prazos e recursos necessários para que você alcance seu alvo. À medida que desenvolve seu plano de ação, concentre-se em elementos-chave, como os que seguem abaixo.

Marcos – Identifique os pontos essenciais de seu projeto que devem ser concluídos a cada etapa. Por exemplo, pode ser necessário alcançar um marco anterior a fim de que você consiga apoio e contribuições fundamentais para as próximas fases.

Tarefas – Identifique as tarefas menores que o levarão a alcançar seus marcos. Por exemplo, para obter apoio dos companheiros de trabalho, você precisará entrar em contato com cada um deles e marcar data e hora para uma reunião de apresentação do seu projeto.

Tempo – Dê a si mesmo uma estrutura de prazos realista para o término de cada marco e de cada tarefa. Por exemplo, para atingir o marco de conseguir apoio e contribuições para as próximas fases de seu projeto, você pode dar a si mesmo um mês, para ter certeza de que todos os envolvidos se encontram dentro do esquema proposto.

Recursos – Defina com a máxima precisão tudo o que é necessário para atingir seu objetivo. Por exemplo, além das reuniões que visam obter as contribuições essenciais ao projeto, de que outras informações você precisa? Que tal um orçamento mais detalhado ou um levantamento de quais aptidões adicionais serão necessárias à conclusão do projeto?

Seu plano de ação deve refletir a simplicidade ou a complexidade de seus objetivos, conforme for o caso. Objetivos a curto prazo podem exigir apenas uma lista de tarefas. Objetivos mais amplos talvez o obriguem a traçar um plano que inclua vários marcos, tarefas, estruturas de prazos, aptidões que você possui, aptidões que precisam ser desenvolvidas e recursos adicionais exigidos para alcançar suas metas.

Aptidão Nadar ou Afundar número 2: Tempo

Gerenciamento de tempo... Credo! Quantas vezes você sentiu um frio na barriga ao pensar nesse assunto? O gerenciamento de tempo parece ser uma daquelas tarefas que todo mundo precisa fazer, mas poucos são de fato bons nisso.

Você aprenderá sem dor – e dando um passo de cada vez – a ser um grande gerenciador de tempo.

Gerenciar com competência o seu tempo não significa simplesmente cumprir prazos e chegar ao trabalho na hora certa. É muito mais que isso. Suas aptidões transmitem aos outros, de modo convincente, as suas principais características de vencedor – deixam em evidência que você é um profissional centrado, confiável, coerente e responsável.

1. Planejamento

Um bom planejamento é o segredo para administrar seu tempo com êxito. Planejar o seu tempo significa pensar adiante, escolher exatamente o que quer e o que precisa para realizar e separar o tempo adequado a cada atividade, mesmo em meio a todas as distrações e interrupções do dia-a-dia.

Como planejar o seu tempo? Para começar, separe de dois a cinco minutos no começo de cada semana e defina o seu objetivo para os próximos sete dias. Em seguida separe, diariamente, de dois a cinco minutos para criar, atualizar e examinar sua lista de tarefas. Não é necessário muito tempo para isso, basta ter disciplina. E sabe qual é a recompensa? Suas prioridades vão entrar imediatamente em foco e você sempre saberá onde se encontra no decorrer de seu dia.

Tenha em mente que gerenciar seu tempo não quer dizer que você sempre o terá sob controle. O inesperado vai acontecer, e é preciso considerar que você vai gastar um tempo com as surpresas que vão surgir no seu dia.

Para lidar melhor com fatos imprevisíveis, procure controlar a maneira como seu dia se inicia. Comece com uma rotina matinal que o ajude a aproveitar melhor as primeiras horas e o deixe preparado para os compromissos do dia – e também para enfrentar fatos não previstos em seu planejamento.

2. Distribuição do tempo

A maior parte das listas e dos planejamentos de tarefas acaba fracassando porque as pessoas não dão a si próprias o tempo suficiente para a conclusão de cada etapa prevista. Por exemplo: você se lembra de alguma ocasião na qual considerou que terminaria algo em duas horas e descobriu que, na verdade, precisava do dobro do tempo? Fazendo uma retrospectiva, consegue perceber a causa desse atraso?

A vida e o trabalho são repletos de distrações: pode ser alguém que surge do nada para um bate-papo ligeiro, uma reunião que vai além do tempo previsto, o tráfego intenso, os e-mails urgentes, os problemas no computador ou os telefonemas inesperados. Sempre há atrasos comuns, que o tiram do caminho planejado.

Quando algo o interrompe, é interessante que você resolva isso o mais rápido possível para que não haja interferência em sua programação do dia. Eis por que é importante criar uma abertura, um respiro em sua agenda, para tratar desses imprevistos. Essa é a melhor maneira de manter o seu plano diário.

3. Mantenha-se em sintonia com sua agenda

Suponha que você se planejou e que programou tempo suficiente para concluir seus projetos. Ótimo! Agora, eis a última peça do quebra-cabeça: mantenha-se em sintonia com sua agenda.

Alguma vez você já passou pela experiência de iniciar o que parecia ser uma conversa breve com alguém e, de repente, o assunto ficou tão interessante que você simplesmente perdeu a noção do tempo? Agora, imagine isso acontecendo enquanto sai correndo de uma reunião para outra. É inevitável: as pessoas vão parar você no corredor ou invadir sua sala para fazer algumas perguntas rápidas. Algumas dessas interrupções serão importantes; outras, nem tanto. Mas uma coisa é certa: todas vão interferir na sua agenda; todas vão distraí-lo, tirá-lo do seu foco planejado de trabalho. Juntos, todos esses pequenos momentos de interrupção poderão comprometer os prazos agendados!

O que fazer? Mantenha-se consciente dessas interrupções. Quando você é desviado dos seus afazeres planejados, preste atenção em quanto tempo está passando. Fixe um limite máximo admissível para uma interrupção. Por exemplo, trabalhe com valores como cinco, sete ou dez minutos. Isso significa que você vai pensar consigo mesmo: "Bem... Já se passaram cinco minutos e o 'Fulano' ainda não chegou a nenhuma conclusão sobre o que está me dizendo...". Então, determine se o assunto tem importância. Se não tiver, encerre a conversa. De modo gentil, é claro! Diga, com simpatia e atenção: "Fulano, eu sei que isso é importante. Quero ouvir a história toda, porém meu prazo está estourando. Podemos voltar a esse assunto depois, no decorrer da semana?". As pessoas entendem.

Caso se mostre importante, você ouvirá a história toda. Mas, se Beto precisava apenas conversar ou desabafar, você só perdeu cinco minutos do seu tempo, porque o fez parar de falar. Caso contrário, poderia ter perdido vinte minutos ou mais.

Estabeleça quais interrupções merecem sua atenção e quais podem esperar. Você deve manter tudo sob controle.

A seguir, os instrumentos e estratégias para gerenciar melhor o seu tempo.

Use uma agenda – Planeje seus dias e suas semanas. Marque reuniões, trabalhos em projetos e outros eventos. Reserve um tempo para as surpresas, distrações e outros imprevistos em potencial.

Defina prioridades – Classifique suas tarefas e identifique o que precisa ser feito imediatamente, o que deverá ser feito em breve e o que pode ser deixado para mais tarde.

Utilize a tecnologia – Adquira um relógio ou telefone digital ou um sistema de agenda eletrônica que tenha alarme para lembrá-lo dos compromissos importantes.

Calcule o tempo de locomoção – Dê a si próprio tempo suficiente para chegar a seus compromissos na hora certa.

Saiba terminar – Finalize tudo o que você estabeleceu como tarefa. Não deixe pendências.

Assuma o compromisso – Estabeleça intervalos de tempo para a realização de tarefas específicas. E respeite esses prazos.

Aptidão Nadar ou Afundar número 3: Conhecimento

Conhecimento é poder. Quando você possui as informações corretas, pode formular melhor as perguntas, tomar decisões embasadas e adicionar valor à sua equipe e à sua empresa. Na qualidade de novo funcionário, seu trabalho é perguntar. Comece no seu novo emprego com o pé direito e com os conhecimentos corretos. Mas de que conhecimentos você necessita?

1. Conhecimentos sobre a empresa.
2. Conhecimentos sobre o ramo de atividade da empresa.
3. Conhecimentos referentes às suas responsabilidades específicas, quanto à sua função e ao seu trabalho e quanto ao tema principal.

1. Conhecimentos sobre a empresa

Os conhecimentos sobre a empresa consistem de informações exclusivas da firma onde você trabalha – o que inclui seu histórico, sua cultura (por que executam as tarefas de determinada maneira), operações internas, estratégias e nicho de mercado.

É importante compreender como o sistema funciona, pois isso garante que você trabalhará dentro dos limites e fronteiras e não passará por cima de ninguém em sua primeira semana no emprego.

2. Conhecimentos sobre o ramo de atividade

Conhecer o ramo de atividade significa enxergar todo o ambiente de negócios que circunda e influencia a companhia.

Tais conhecimentos incluem familiarizar-se com a linguagem específica de seu ramo. Você vai querer conhecer também a concorrência e a história da indústria, e começará a compreender o que os líderes do mercado julgam como as maiores e mais novas tendências.

Para obter êxito em sua carreira profissional, é fundamental ter uma visão de conjunto ampla e bem formada. Isso o ajudará a tomar decisões diárias mais consistentes, baseadas em informações concretas.

3. Conhecimentos sobre o tema principal

Um importante componente dos conhecimentos que você traz para seu trabalho se refere às áreas em que é especialista ou já tem experiência. É o que chamamos de conhecimentos sobre o tema principal.

Como especialista no tema principal, você está apto a levantar questões pertinentes, fazer recomendações, tomar decisões bem embasadas e contribuir para valorizar a empresa. Mas lembre-se sempre de tratar o conhecimento que possui como um recurso em evolução, que você usa, aprimora e partilha com os demais.

Existem três métodos para ampliar e gerenciar esse recurso:

1. Identificar as áreas ou temas nos quais você apresenta conhecimentos.
2. Compartilhar com seus colegas o que você sabe.
3. Identificar as áreas nas quais você quer ou precisa aprender mais.

Uma maneira de identificar o que você sabe consiste em definir seus conhecimentos com base nas quatro categorias descritas abaixo:

Conhecimento interpessoal – Inclui a compreensão de aptidões eficazes de comunicação, dinâmicas de relacionamentos e habilidade para trabalhar com diferentes tipos de personalidade.

Conhecimento profissional – Inclui áreas de conhecimento relacionadas a profissões, treinamentos ou formação escolar específicos que tenham a ver com seu trabalho.

Interesse especial – Inclui passatempos, conhecimentos acadêmicos ou originados de pesquisas.

Conhecimentos gerais – Incluem diversas disciplinas, como política, história, cultura, línguas, economia e artes.

Assim que você começar a identificar seus conhecimentos e como eles o distinguem dos demais, poderá compartilhar essas informações com os outros. Não se esqueça: é exatamente para isso que você foi contratado. Compartilhar seus conhecimentos é contribuir para o desenvolvimento do negócio da empresa, além de construir a sua credibilidade e ampliar sua rede de relacionamentos com os colegas.

Aptidão Nadar ou Afundar número 4: Equipe

Nesta seção, vamos avaliar os dois componentes fundamentais para quem se considera um membro de equipe: colaboração e treinamento. Ser um membro de equipe significa ter uma atitude sociável e exibir uma série de comportamentos úteis e bem-intencionados no ambiente de trabalho – não importa se você faz parte de uma equipe de pessoas que têm relações amistosas e interagem regularmente nos projetos ou se trabalha de maneira independente. Você precisa saber trabalhar bem com os demais funcionários, mesmo se tiver aversão à palavra "equipe".

Colaboração

O êxito de uma empresa depende da habilidade dos grupos em trabalharem juntos. Cada departamento confia nos demais para encaminhar o que lhe for solicitado.

Numa escala menor, realizar bem o seu trabalho significa que você também precisa colaborar. Quanto mais investir em ajudar os outros a ter sucesso, mais fortes serão os relacionamentos que desenvolverá.

Só o fato de solicitar sugestões e idéias a seus colegas, sobre seus projetos, pode criar um senso de colaboração e demonstrar aos outros que você é sociável – e sabe trabalhar em equipe.

Treinamento

Uma forma sensacional de contribuir com o seu conhecimento, suas aptidões ou quaisquer outros recursos é por meio do treinamento de seus colegas de trabalho.

Sim, você, o novo funcionário, pode agir como um treinador! Lembre-se de que você se encontra ali para ser útil à empresa. E existem muitas oportunidades para atuar como treinador. À medida que colabora nos projetos, identifique o que você pode acrescentar à equipe que seja de utilidade aos demais.

Treinar pessoas demonstra que você é generoso o bastante para dividir seu tempo com seus colegas.

Aptidão Nadar ou Afundar número 5: Imagem

Marshall Goldsmith, um consultor de liderança, explica que o profissionalismo é crucial quando alguém entra em um novo ambiente de trabalho. Diz ele: "Uso a analogia de uma peça de teatro. Os atores estão sempre 'empolgados e positivos'. Vestem-se de determinada maneira, independentemente de como se sentem. Eles não estão no palco para si mesmos; estão ali por causa de seus clientes. E sabem que, mesmo se tiverem interpretado a mesma peça mil vezes, é a primeira vez que aquele cliente a estará vendo. Quando ensino às pessoas como elas devem mudar seu comportamento, uma de suas preocupações é parecerem falsas. É uma preocupação que tende a desaparecer quando peço a elas que se concentrem em agir com profissionalismo".

Goldsmith nos oferece uma metáfora forte e proveitosa. O elenco e a equipe de apoio fazem de tudo para, todas as noites, apresentar o melhor show possível. Não há desculpas. Dentre as dezenas ou até mesmo centenas de pessoas necessárias para realizar um espetáculo, existe sempre uma infinidade de problemas pessoais: "O jantar da noite passada me fez mal", "Custei para arrumar uma babá para meu filho" ou "O metrô atrasou". Em um espetáculo profissional, nenhuma dessas desculpas é sequer mencionada.

Sua platéia são as pessoas em sua empresa. Elas esperam que você tenha o mais alto grau de energia e desempenho todos os dias. Sem desculpas.

Construir uma boa imagem profissional exige a prática de bons relacionamentos. Abaixo, segue uma lista de procedimentos que lhe ajudarão a criar uma imagem sólida e positiva.

1. ***Crie uma rede de contatos:*** procure conhecer as pessoas e, com muita atenção, construa sua rede de contatos.
2. ***Comunicação:*** seja sempre claro e conciso ao trocar informações com alguém, pessoalmente ou por escrito.
3. ***Relações-públicas e* marketing *pessoal:*** deixe claro tudo o que considera importante, desenvolvendo uma mensagem pessoal de relações-públicas que transmita sua imagem e seus valores.

Identificar e moldar sua imagem profissional correta exige cuidados com detalhes sutis. É o que você vai aprender nos próximos parágrafos.

Crie uma rede de contatos

Os resultados obtidos da criação de uma rede de contatos dependem do investimento que você fizer. Construir uma rede bem-sucedida vai muito além do simples ato de se apresentar às pessoas e esperar uma recompensa por seus esforços. Os relacionamentos exigem muita atenção: você terá de se empenhar para chegar até seus colegas de serviço, conhecê-los e partilhar informações com eles. Deixe-os saber de seus interesses pelos projetos em que estiverem trabalhando e ofereça seu auxílio ou suas idéias, se for o caso.

Criar uma rede de contatos promove um fluxo aberto de informações e assistência entre você e seus colegas. Quando as pessoas tiverem alguma necessidade, ou idéias empolgantes, elas lembrarão de seu nome. Você será incluído nos planejamentos e as oportunidades surgirão espontaneamente.

Comunicação

Quantas vezes você já ouviu falar em "boas aptidões de comunicação"? Essa é uma das principais exigências feitas a quem procura um emprego. Será que essa capacidade é assim tão importante? Sim, é. Será que a maioria das pessoas faz com ela um bom trabalho? Não, não faz.

As aptidões de comunicação eficazes se baseiam "naquilo que você diz" e em "como você o diz" – em outras palavras, no seu modo de comunicação verbal e não-verbal.

Comunicação verbal

Aptidões de comunicação verbal eficientes e consistentes ajudam-no a consolidar seus relacionamentos, a obter os recursos que deseja e a fazer com que seus colegas confiem em você. Essas aptidões incluem as capacidades de:

Ouvir e compreender – Ficar quieto, não interromper quem fala e dizer com suas palavras o que entendeu.

Separar uma coisa de outra – Formular perguntas pertinentes, para melhor entender o que a outra pessoa está tentando comunicar.

Solicitar – Deixar claro o que você deseja e ser direto ao pedir o que quer.

Comunicar informações e opiniões – Transmitir direta e claramente suas recomendações e sugestões.

Comunicação não-verbal

Uma comunicação não-verbal eficiente é igualmente importante. A comunicação não-verbal pode reforçar o que você está afirmando verbalmente ou pode transmitir, sem querer, uma mensagem contraditória. Por exemplo, quando dizemos "grande idéia" com os braços cruzados e as sobrancelhas para baixo, enviamos uma mensagem distinta da que enviaríamos se disséssemos as mesmas palavras e nos inclinássemos para a frente num sorriso.

Também é importante notar a linguagem corporal dos outros, bem como o tom de suas conversas. Alguém está usando de sarcasmo, tentando ser engraçado ou não está levando suas idéias a sério? Qual a postura da pessoa que o está ouvindo? (Sobrancelhas para baixo significam que ela não está entendendo ou não gosta das suas idéias.)

Caso perceba nos colegas posturas corporais desfavoráveis quando você estiver falando, dê-lhes a chance de fazer perguntas. Não ignore os sinais. Diga atenciosamente: "Notei que você está franzindo a testa, e me pergunto se estou sendo claro. Você gostaria de perguntar algo?". Assim, você demonstra que os escuta e que presta atenção neles.

Relações-públicas e *marketing* pessoal

Como você sabe que o BMW é considerado "máquina de pilotar definitiva" se nem todo mundo possui um? Como você sabe que o Mercedes é um carro luxuoso se nem todas as pessoas têm um automóvel dessa marca? Por meio do *marketing*, é claro!

Uma palavra, uma idéia ou uma imagem é associada a um objeto ou produto e é vista ou ouvida por milhões de pessoas – que passam a acreditar naquele produto, mesmo que jamais tenham a oportunidade de experimentá-lo. Quando julgamos uma associação desse tipo como verdadeira, sem nos importar com uma experiência prática, eis aí um bom *marketing*!

Você também possui um produto que necessita de um bom *marketing*: você mesmo. Talvez não tenha um orçamento para a publicidade; mas, ainda assim, é o responsável pela promoção e pelo gerenciamento de sua imagem. Podemos dizer que você é o relações-públicas que constrói a sua imagem profissional.

A finalidade de sua mensagem de relações-públicas é transmitir, a um público o mais amplo possível, quais são os seus valores e tudo aquilo que você quer tornar conhecido.

Modele e lance sua campanha pessoal de relações-públicas agora mesmo, pois toda interação que você tem envia uma mensagem a seu respeito. Cuide para que essa mensagem trabalhe a seu favor:

DIGA – Esclareça o que você considera importante. Depois, descubra algumas palavras-chave – ou uma frase – que espelhem seus valores e as repita com freqüência aos outros.

MOSTRE – Para ser levado a sério como profissional, você deve também ter uma postura de acordo com essa pretensão. Por exemplo: cada empresa possui seu uniforme – seja o paletó-e-gravata para um escritório de advocacia, seja a camisa-pólo-e-jeans de uma fábrica de equipamentos para computador. Saiba qual é o "uniforme" de sua organização. Identifique o uniforme dos líderes da companhia. Se quiser ser o próximo líder da empresa, vista-se de acordo. Você vai inspirar mais credibilidade e respeito ao seguir as regras da empresa em que trabalha, a começar pelo que veste.

FAÇA – Seu comportamento deve apresentar-se coerente com o que diz e mostra. Se você afirma às pessoas que considera importante começar as reuniões no horário mas vive chegando atrasado, está pondo a perder a sua campanha pessoal de relações-públicas; e vai levar um bom tempo até recuperar a confiança das pessoas sobre o valor que você dá à pontualidade.

Lembre-se: ***diga*** o que você considera importante, ***mostre*** respeito pelas regras da empresa em que trabalha e ***faça*** tudo de modo a se apresentar coerentemente com o que diz e mostra.

Junte tudo

Agora que você já foi apresentado às *Cinco Aptidões Nadar ou Afundar*, o próximo passo consiste em aprender a nadar com o máximo de rendimento e na direção do seu sucesso profissional. Para isso, criamos um guia destinado a doze semanas, com o intuito de ajudá-lo a praticar e aplicar suas novas aptidões.

Para cada semana, você receberá um novo objetivo. Haverá metas específicas a realizar, aptidões a praticar e questões para refletir. Você também encontrará sugestões para ações diárias específicas, bem como lembretes para o que deverá ser feito a cada semana com relação às *Cinco Aptidões Nadar ou Afundar.*

Este é o seu guia e um recurso que vai ajudá-lo a ter êxito na sua jornada no novo emprego. Faça-o funcionar a seu favor e nade com determinação rumo ao seu sucesso.

Semana 1
Vasculhe o terreno

"Olá! Meu nome é Pedro. Hoje é o meu primeiro dia de trabalho. Passei por três entrevistas com seis pessoas, até que, enfim, me escolheram.

Duas semanas atrás, minha família me levou para comemorar. Tirei alguns dias de descanso antes de começar em meu novo emprego. Estou entusiasmado e um tanto nervoso.

Mudar de empresa pode ser a melhor ou a pior decisão que já tomei na vida. Passei cinco anos no meu emprego anterior e me sentia confortável. E ser o novato quer dizer, em geral, que é preciso começar tudo de novo.

Quero deixar uma primeira impressão ótima. Quero demonstrar aos meus superiores e aos meus colegas que posso executar o serviço para o qual me contrataram. O primeiro passo que devo dar é cuidar de formulários de impostos e benefícios, além de conhecer meu novo ambiente de trabalho."

Parabéns! Esse é o seu primeiro dia no novo emprego. Como em todos os primeiros dias, talvez você esteja entusiasmado e nervoso. Quem sabe, verificou duas ou três vezes o alarme do despertador a noite passada. Para garantir que tudo esteja bem, deu uma atenção extra à escolha das roupas certas. A dica começa aqui: jamais use meias esportes brancas e sapatos.

É incrível como ficamos empolgados e atentos no primeiro dia de trabalho. O objetivo deste livro é mantê-lo no mesmo grau de empolgação e motivação durante as próximas doze semanas, e também depois desse período.

Na primeira semana, concentre-se em reunir informações de modo a compreender melhor o novo ambiente. Vasculhe o terreno e descubra onde você está pisando... literalmente. É importante familiarizar-se com aqueles itens essenciais que dão apoio às suas necessidades básicas – como a localização do banheiro, onde fica o bebedouro, onde ficam as saídas de emergência e outros locais essenciais para a sua "sobrevivência".

À medida que a semana vai passando, tenha em mente um antigo provérbio: "Conhecimento e informação são poderosos; mas ter os conhecimentos e as informações corretas é ter poder". Quando você possui a informação correta no início do seu trabalho, tem o poder para tomar as melhores decisões durante os cruciais primeiros dias no emprego.

Semana 1	Objetivo geral: dar seus primeiros passos
Aptidões Nadar ou Afundar	**Atividades**
1. Objetivos	Explorar seu novo ambiente de trabalho.
2. Tempo	Definir sua rotina.
3. Conhecimento	Coletar informações acerca de seu emprego e de sua empresa.
4. Equipe	Habituar-se à sua equipe e aos processos dela.
5. Imagem	Observar a cultura da organização.

1. Objetivos

O que significa vasculhar o terreno? Significa que você é um detetive e sua missão é descobrir como essa empresa trabalha. Embora isso possa parecer algo fácil de fazer, leva-se algum tempo para perceber os detalhes do funcionamento de uma empresa. Nos primeiros dias no emprego, essa informação pode não estar facilmente à mão, ou pode ser que todos estejam ocupados demais com seus projetos para poder ajudá-lo. Tenha você sido recebido por um comitê de boas-vindas ou se arranjado por conta própria, este capítulo lhe fornecerá diretrizes para explorar seu novo local de trabalho.

Aptidões básicas de sobrevivência

Na selva, suas necessidades básicas de sobrevivência são: manter-se longe dos predadores, ter comida para continuar sobrevivendo e avançando e dispor de um abrigo para repousar e renovar as energias. Não estranhe ao saber que o moderno ambiente de trabalho não é nem um pouco diferente disso.

Comecemos com os pontos importantes: adoramos comer. Presumimos que você também. Então, descubra de onde vem a comida. É fácil ficar cansado e, antes que você perceba, vai precisar de uma dose de energia extra para se manter concentrado e atento. Quando essa ocasião chegar, você vai querer saber aonde ir para se alimentar, ou se terá de trazer comida para o trabalho.

Identifique o seu espaço de trabalho. Ele será o seu novo abrigo. Descubra quem se encontra ao seu redor e não esqueça de se apresentar. Não espere que lhe tragam biscoitos quentinhos do forno. Você tem a obrigação de deixar seus colegas de serviço com uma boa impressão a seu respeito, e não o contrário. Afinal de contas, você é quem está chegando ao espaço que já é deles.

Onde você ficará: em uma sala particular ou em um escritório compartilhado? Se for em um espaço aberto, como as vozes se transmitem nesse ambiente? E a sua, em especial? Você não quer anunciar a sua chegada a todos ao receber o telefonema de sua mãe, ligando para saber a quantas anda o seu primeiro dia, não é?

Seja esperto e descubra as saídas à sua volta. Como em um avião, a saída mais próxima pode estar bem atrás de você. Só que, no caso de uma enchente, sua cadeira não vai agir como um dispositivo flutuante.

Predadores da selva... Eles existem também na sua nova empresa. Provavelmente andam camuflados, aparecem à noite e, às vezes, dão as caras nas ocasiões mais alegres. Mas não se preocupe com eles nesse momento; basta manter os olhos abertos.

Por que estou aqui?

Eis aí uma boa pergunta para se fazer logo na primeira semana no novo emprego. Conforme você vai notar ao longo das próximas doze semanas de trabalho – e também depois delas –, existem funcionários que se afastam do rumo original de sua carreira e ficam flutuando ao longo dos corredores da empresa. Mas esse não é o seu caso. Então, a prioridade máxima dessa semana é entender as responsabilidades, as funções e os projetos relativos ao seu cargo.

Parte da resposta à pergunta "Por que estou aqui?" está com seu gerente. Conheça-o durante sua primeira semana. Isso o levará a compreender o que esperam de você em termos de projetos, bem como quais são as expectativas da empresa para as suas semanas iniciais no emprego.

Talvez você tenha acabado de entrar na empresa em uma situação na qual já o atiraram para dentro do fogo, e estão aguardando que você comece a trabalhar e produzir imediatamente. Ou, quem sabe, você tenha o luxo de trabalhar com um gerente que quer vê-lo passando as primeiras semanas conhecendo seu novo ambiente de trabalho, a empresa e seus colegas de serviço.

Caso não consiga conhecer seu gerente de imediato, por causa dos horários apertados, marque uma conversa com ele para o mais breve possível – o que, espera-se, seja o mais tardar na sua segunda semana. Se não houver possibilidade de se falarem nem na primeira nem na segunda semana, ainda assim existem outras atitudes que você pode tomar para prosseguir. Continue lendo.

Como equipar seu espaço de trabalho

Eis aqui sua casa fora de casa. Você vai querer se assegurar de que se trata de um ambiente funcional, que lhe permitirá fazer seu trabalho com o máximo de eficiência. E é também um local no qual você passará boa parte de seu tempo. Portanto, crie um espaço confortável.

Certifique-se de que os equipamentos que irá utilizar estejam ajustados às suas proporções físicas – isso inclui itens como cadeira, mesa, teclado e monitor do computador, maquinários e ferramentas de trabalho. Empregue alguns instantes adaptando seus móveis e equipamentos às suas necessidades, para ter certeza de que você vai ficar confortável.

Para se incorporar à empresa, talvez você precise de crachá de acesso, computador, endereço de e-mail e telefone. No caso de acesso à internet, ou de redes internas de computadores, a maioria das empresas opera com servidores; assim, você vai precisar de um número de conta e senha para poder trabalhar nesses ambientes. Felizmente, tudo isso já terá sido organizado assim que você tiver chegado. Ou será que não?

Já que, normalmente, as empresas operam acima de suas capacidades, talvez você não tenha todos esses itens prontos na ocasião certa. Provavelmente, vai se ver indo ao departamento de informática, tentando convencer a todos que é o novo funcionário e implorando por um computador. Mas não esquente a cabeça. Mesmo sem todos esses itens fundamentais no primeiro dia, há uma infinidade de outras atividades que você ainda pode executar.

Fique atento em relação a essa situação, pois a falta de organização que a empresa demonstra durante sua chegada, embora pareça revelar inoperância ou uma completa grosseria, pode ser um teste para ver como você se adapta às situações adversas. Você mostrou iniciativa para procurar o equipamento necessário ou ficou sentado, indefeso, brincando com os dedos? Ficou calmo e acomodado ou teve um ataque porque seus colegas, repletos de trabalho, não largaram tudo o que estavam fazendo para garantir que seu espaço estivesse embrulhado para você, com um belo lacinho vermelho? Não se esqueça de que seu comportamento está sendo observado.

Um último toque: sua sala é um reflexo da sua personalidade. Ela tem uma central para festas, com luzes de natal, luminárias extravagantes e copos com estampas excessivamente coloridas? Ou você vai colocar algo mais contido, como nenhuma decoração especial, nem quaisquer toques pessoais?

Fazer a decoração de seu espaço de modo adequado dá um toque pessoal ao ambiente e diz às pessoas quem você é. Uma palavra de alerta, porém: antes de entusiasmar-se demais e colocar luzes de discoteca, néon e pôsteres, observe como os outros funcionários decoraram sua área de trabalho e mantenha a sua sala nos moldes do gosto da empresa.

2. Tempo

Durante a primeira semana, comece com o básico do gerenciamento de tempo: uma rotina. "Rotina?" Certas atividades parecem ser maçantes, principalmente na hora de trabalhar de modo coerente. Porém é importante definir uma rotina, pois ela o prepara para o sucesso e reduz as surpresas. Estabeleça uma rotina coerente e previsível, a fim de conseguir administrar melhor seus horários.

Feijoada de quarta-feira

Ter uma rotina significa tornar previsível a sua vida profissional. Embora não sejamos defensores do planejamento do *menu* semanal, é importante ter seus horários sob controle. A previsibilidade permite que você se torne flexível se precisar fazer alguma mudança, pois com ela você já sabe o que pode e o que não pode encaixar em sua agenda.

Sua rotina da manhã é fundamental para iniciar o dia com o pé direito. Muitas pessoas não dão a si mesmas o tempo necessário para as atividades matinais e terminam por sair de casa em disparada, com um pé de meia de cada cor, sem tomar café nem dar comida ao cachorro. Quando existe uma rotina preestabelecida, sabemos até quantas vezes podemos apertar o botão do despertador e ainda assim chegar a tempo no serviço.

Ao elaborar sua rotina matinal, a melhor estratégia é trabalhar de trás para a frente:

- Quanto tempo você leva do estacionamento (ou ponto de ônibus) até a sua sala e liga o computador?
- Quanto tempo você leva de casa até o trabalho, contando com o trânsito congestionado?
- Quanto tempo você leva para tomar seu café-da-manhã?
- Quanto tempo você leva dando atenção a atividades de sua vida pessoal, como crianças, animais de estimação, cônjuge?
- Quanto tempo você leva para se trocar?
- A que horas você precisa ir se deitar para ter uma boa noite de sono?

Normalmente, antes de perceber, o que você imaginava ser uma rotina de meia hora (desde sair de casa até chegar ao trabalho) dura, na verdade, uma hora; e você se vê chegando ao estacionamento da empresa cinco minutos antes de começar o expediente, quando não chega atrasado.

O que aconteceu? A vida é assim mesmo. Certifique-se de levar em conta as distrações e interrupções em sua rotina. Dê-se bastante tempo para cumprir cada atividade. Uma rotina bem planejada vai auxiliá-lo a encaixar eventos de última hora.

O mesmo vale para quando você sair do serviço. Somos grandes entusiastas do equilíbrio entre a vida particular e o trabalho. Sem dúvida alguma, você também vai querer se certificar de dar atenção às suas obrigações e aos compromissos fora do trabalho. Uma rotina bem elaborada permite administrar de modo eficaz as interdependências entre seus horários dentro e fora do seu emprego.

Horários de recesso

De acordo com uma pesquisa sobre locais de trabalho, os fumantes fazem mais pausas do que os não-fumantes e o funcionário médio só é produtivo em cinco a cada oito horas no emprego. Vamos admitir que você tenha capacidade para pelo menos seis horas produtivas.

Como parte de suas aptidões para o gerenciamento de seu tempo, você também desejará observar o modo como outras pessoas fazem pausas no trabalho. Talvez você se encontre em um ambiente onde as pausas são obrigatórias e fazem parte de uma agenda bastante específica. Ou, quem sabe, esteja em um ambiente no qual as pausas são um luxo e há grandes probabilidades de serem recebidas com desprezo.

Portanto, antes de tirar a soneca das 11 da manhã ou encher sua bexiga com a décima garrafa de água só para poder ir ao sanitário em busca de uma pausa, procure entender as práticas de sua empresa.

Observe seus colegas. Converse com eles. Provavelmente não haverá problema em fazer uma pausa se eles o chamarem para tomar um cafezinho ou para um papo rápido e informal. Eis algumas dicas salutares para suas pausas: seja breve, recupere suas forças e areje sua cabeça para retornar ao serviço com mais disposição.

O padrão para o intervalo de almoço é de uma hora, variando de acordo com a empresa e o departamento. Algumas pessoas saem para almoçar, ao passo que outras comem na própria empresa. Veja como seus colegas fazem e quanto duram esses intervalos. Caso você tenha prazos apertados a cumprir, não é adequado fazer duas horas de almoço, enquanto seus colegas engolem um sanduíche durante o trabalho.

3. Conhecimento

Mesmo sendo sua primeira semana de trabalho, é uma ótima ocasião para reunir informações essenciais sobre a empresa. Comece pelo básico, como dados sobre o ramo de atividade, o histórico da companhia, seus produtos atuais e os planos para o futuro da empresa. Essas informações vão lhe dar uma base para compreender a empresa e, posteriormente, ajudá-lo a tomar as melhores e mais adequadas decisões em seus projetos.

Uma fonte tradicional de conhecimentos e informações sobre a empresa, na maioria dos casos, pode ser encontrada no programa de orientação ao novo funcionário. Essa coleção de dados consiste, em geral, de uma combinação de informações sobre a administração de pessoal e a cultura da empresa. Se existir algum programa desse tipo disponível, arranje uma cópia. Caso não haja, você mesmo terá de buscar as informações necessárias para concluir essa etapa da primeira semana. Amplie seu ponto de vista sobre a empresa realizando sua pesquisa.

O quadro geral

O que é o quadro geral? É o contexto no qual a empresa se encontra, dentro do ramo de atividades que escolheu, e a estratégia que ela adotou para ter êxito. E você tem uma participação nesse jogo.

É importante compreender o que a empresa vende, como vende e como se dá a criação de seus produtos e serviços. O mais importante: o quadro geral permite a você levar em conta o ambiente no qual a empresa conduz os negócios – quem são os seus concorrentes? O que a empresa faz para obter vantagem sobre eles? O que está fazendo para ficar à frente deles?

Elabore uma perspectiva do ramo de atividade de sua empresa como um todo, incluindo as experiências passadas e os prognósticos de desenvolvimento.

Compreender o quadro geral da empresa significa que, no dia-a-dia, você sempre saberá como suas decisões vão influenciar algo mais abrangente. Isso inclui tudo o que diz respeito ao negócio da empresa, desde as conversas no corredor até o envio de uma proposta para um novo projeto.

Histórico

Comece reunindo informações sobre o histórico da sua empresa. Descubra quando foi aberta e qual era o sonho de seus fundadores. Identifique os primeiros produtos e serviços oferecidos pela firma naquela época, procure saber se e como essas ofertas mudaram com o passar do tempo. Se quiser entrar em detalhes, poderá também pesquisar o que influenciou determinadas modificações na direção da empresa. O histórico de uma firma pode revelar bastante do que ela é hoje.

Produtos e serviços

Examine a fundo os produtos e serviços de sua empresa. Leia a internet e a intranet. Às vezes, empresas de grande porte dão aos funcionários cursos para uma apresentação completa de seus produtos. Certifique-se de possuir tantos conhecimentos sobre a empresa que, quando amigos vierem perguntar, você tenha a resposta na ponta da língua. Seria extremamente constrangedor se, no próximo almoço de família, aquele seu tio começasse a lhe contar sobre o produto recém-lançado pela empresa em que você trabalha e sua resposta se resumisse a um balanço positivo de cabeça e um rosto inexpressivo.

Desempenho da empresa

Entender o ponto de vista da empresa possibilita compreender para onde ela está se dirigindo como um todo e por que determinados produtos ou serviços podem estar atualizados ou defasados no mercado. Se puder, consiga o material promocional da empresa e o estude. Se a firma em que você trabalha tem um registro público, consiga uma cópia do relatório anual mais recente – em geral disponível na internet. Isso servirá para dar-lhe um retrato da direção e do desempenho da empresa.

Pessoas de destaque

Dentro de seu ramo de atividade, determine quem são as pessoas de destaque, sua influência e qual sua previsão de tendências. Dentre essas figuras de importância, podemos citar concorrentes, clientes e fornecedores. Entenda a influência de todos esses fatores e o que isso significa para o futuro da empresa e seus produtos e serviços. Atualize-se durante toda a sua permanência na companhia, e não apenas na sua primeira semana.

Bem-vindo a Marte

Você já começou a observar um contexto maior do que o quadro geral da empresa: forças de mercado, concorrência e estratégia. Agora volte à Terra e dê uma olhada em conhecimentos mais específicos, referentes à sua firma.

Quem é quem

Antes de lutar pelo último pedaço de bolo de cenoura com o presidente executivo da companhia, descubra quem é quem dentro dela. Obtenha uma cópia do relatório anual para ter fotos dos chefões da empresa. Tire uma cópia do quadro da organização que mostra as diversas partes da companhia, as pessoas de destaque e a hierarquia. Isso o ajudará a compreender como as diversas funções da empresa estão estruturadas e, mais especificamente, onde se encontram você e sua equipe.

Falando uma nova língua

Estamos apenas na sua primeira semana de trabalho e você já se pergunta se aterrissou em outro planeta. Que língua as pessoas falam na empresa? O que você está notando não se resume ao resultado da força de trabalho moderna nem da pluralidade cultural dos dias de hoje. Sua firma é especial. Tem até idioma próprio – não importa se os dicionários concordam ou não com isso; ainda assim é um idioma. Você encontrará inúmeras abreviaturas a ser decifradas, novos usos para a língua portuguesa e uma combinação de palavras sem o menor sentido para as pessoas de fora da firma.

Pergunte, pergunte, pergunte

É uma sorte que você seja novato. Pode fazer perguntas para esclarecer alguma dúvida sem medo de olhares estranhos ou de represálias por desconhecer algo. Tire vantagem dessa situação. Tenha também em mente que todos os dias a companhia inventa termos e vem com novidades. Por isso, mesmo depois de dez anos na mesma firma, não estranhe se ainda tiver dúvidas. Pergunte sempre, para entender o significado. A última coisa que você vai querer é concordar em fazer algo e só mais tarde perceber que não entendeu com o que tinha se comprometido.

4. Equipe

Você faz mesmo parte de uma equipe? Às vezes pode não parecer. É normal. Na maioria das situações, você na verdade está trabalhando em algo denominado "trabalhar em grupo", e não dentro de uma equipe propriamente dita.

A diferença entre participar de uma equipe e trabalhar em grupo é que uma equipe se baseia em compartilhar objetivos e responsabilidades, ao passo que no trabalho em grupo não existem interdependências – ali, todos prestam contas à mesma pessoa.

Qualquer que seja o seu caso, *atuar como membro de uma equipe* tem uma importância que vai além do corriqueiro. Dentre as vantagens, incluem-se o companheirismo e o partilhar de idéias e recursos. Não interessa se você trabalha sozinho, em uma equipe de verdade, ou participa de um trabalho em grupo; *a inclusão de valores de equipe* no seu modo de trabalhar o tornará um profissional bem-sucedido. Essa atitude permite que você construa relacionamentos e realize, junto a outras pessoas, um número maior de tarefas do que se fizesse tudo por conta própria.

Conheça a sua equipe

Saia da sua casca e conheça sua equipe ou, tecnicamente falando, aqueles com quem você partilha o mesmo chefe. Não se esconda em sua sala, ou em sua mesa de trabalho, no primeiro dia nem na sua primeira semana na empresa. Você tem a frase perfeita para se apresentar: "Oi, eu comecei hoje na firma. Meu nome é...".

Use isso como vantagem para conhecer o maior número possível de colegas de serviço. Essa é uma postura que o ajudará a ativar rapidamente e impulsionar seu relacionamento com os demais. Mesmo que alguém não se torne seu melhor amigo, ainda assim você vai estabelecer um relacionamento sólido de trabalho que possibilitará entrar em contato rápido com os colegas, em busca de idéias e experiências, conforme isso se fizer necessário.

Dizer "Mas eu sou tímido" não é desculpa. Ser tímido não quer dizer que você não tenha aptidões sociais. Significa apenas que se cansa de ficar entre pessoas e precisa de um tempo a sós para se recompor. E, a não ser que você trabalhe em um posto de observação no Pólo Norte, sempre haverá gente a seu redor. Sua missão, então, é fazer contato. Assim, vá em frente e divirta-se!

A primeira impressão

Quais as regras formais e oficiais para se apresentar aos seus colegas de serviço? Contar histórias sobre o que você fez no bar na noite passada não parece ser uma boa idéia, concorda? Não se exponha assim logo de início. O mais apropriado a fazer quando você encontra um colega de trabalho pela primeira vez é falar sobre suas experiências no emprego anterior, fazendo um resumo verbal de seu currículo, com uma amostra de fatos pessoais corriqueiros (como sua família, crianças, cônjuge, onde mora, animais de estimação...). Seja descontraído e amigável, mas reservado, nesse primeiro contato.

Lembre-se: a primeira impressão é a que fica. Seja profissional, gentil e curioso. Não fique falando só de você. Pergunte aos colegas sobre eles. São informações de potencial valioso.

Conheça as pessoas das outras suas equipes

Sim, existem pessoas a seu redor que não pertencem à sua equipe mais próxima. Conheça seus vizinhos. Esses relacionamentos ampliarão sua rede de colegas e a possibilidade de desenvolver relações com vantagens e incentivos mútuos com o passar do tempo; além disso, cumprimentar as pessoas à sua volta mostra boa educação. Se você não acreditava nisso, acredite agora: *tudo se resume a quem você conhece*.

Empresas são sistemas sociais. Ou seja, em virtude de agruparem pessoas por uma finalidade em comum, ou simplesmente por terem um emprego vantajoso, inevitavelmente criam um ambiente de interações e relacionamentos entre seus funcionários e colaboradores.

Quando conhecemos pessoas e temos bons relacionamentos com elas, ficamos aptos a fazer tudo de modo mais eficiente e efetivo.

Não se esqueça de que o fato de uma pessoa não fazer parte de sua equipe não significa que em alguma ocasião no futuro vocês não venham a trabalhar juntos nem que você vai interagir apenas com os membros da sua equipe. Por exemplo: você pode fazer parte de uma equipe de *marketing* de produto e cada membro cuidar de um produto diferente. Assim, talvez você vá interagir com mais freqüência com os profissionais que fazem o produto pelo qual é responsável do que com os membros de sua própria equipe.

A construção de relacionamentos faz parte do seu trabalho. Os bons relacionamentos o ajudarão a realizar suas tarefas de maneira mais eficaz, pois poderá contar com a cooperação de sua rede de contatos. Seus relacionamentos são, igualmente, grandes fontes de informação. Por isso, tratando-se de levar a construção de relacionamentos a sério, toda ênfase é pouca.

Certifique-se de estar com sua equipe em todos os eventos sociais. Isso é muito importante, principalmente nos primeiros momentos de seu novo emprego, mesmo que você seja tímido. Participe dos almoços e jantares da equipe. Contudo, evite o álcool e as brincadeiras que podem até ser divertidas, mas não são recomendáveis em ambientes de trabalho – mesmo em ocasiões sociais.

5. Imagem

Lembre-se sempre: a primeira impressão é a que fica. Sua primeira semana no trabalho é um período significativo no qual você causa as primeiras impressões em seus colegas. É importante concentrar-se na sua imagem e em como você deve criar uma boa impressão inicial.

Durante o processo de entrevistas para esse emprego, talvez você tenha feito algumas observações sobre a empresa e seus funcionários. À medida que se prepara para sua primeira semana no emprego, pondere sobre essas observações iniciais. Como as pessoas se vestem? Como se comunicam umas com as outras? O ambiente é silencioso ou alvoroçado e barulhento? Tenha em mente essas observações antes de cumprimentar seus colegas de escritório como adolescentes voltando das férias escolares. Adéqüe-se ao ambiente.

Olhe em volta

Enquanto escolhe as roupas para seu primeiro dia, pense novamente nas entrevistas pelas quais passou. Como as pessoas se vestiam? De forma casual ou de paletó e gravata?

Se os funcionários vêm de paletó e gravata, sugerimos que você siga a tendência. Se há uma grande variedade nos estilos, do bastante casual ao traje formal, encontre um meio-termo. Isso lhe dará tempo para adaptar seu estilo em uma ou outra direção para se encaixar na imagem que deseja.

Se, após alguns dias, você perceber que as pessoas se vestem de maneira mais informal do que a sua, a simples mudança numa única peça de vestuário possibilitará um ajuste sutil em sua aparência. Quando você toma o meio-termo como padrão, ganha mais flexibilidade, pois haverá também aqueles dias em que vai precisar se vestir melhor para uma reunião importante – e você só precisará incluir um blazer clássico ou, talvez, uma gravata, para ajustar o seu visual.

Uma boa postura pessoal e um traje adequado são os alicerces de sua boa imagem. Certifique-se de cuidar disso desde o início. Não há por que deixar, logo de saída, uma impressão desfavorável, principalmente quando se trata de algo que você consegue controlar.

A arte da conversa informal

Sua aparência é somente uma parte da sua imagem e da impressão que causa. A maneira como fala e o tipo de conversa que tem em sua primeira semana são componentes importantes da impressão inicial que você deixa nos outros. Observe como os funcionários de sua empresa conversam e se cumprimentam. São informais e usam o primeiro nome? Apertam-se as mãos todas as vezes, dizem apenas um alô ou trocam abraços calorosos? São detalhes importantes para manter em mente antes que você cometa algum exagero no primeiro dia de trabalho. Cumprimente seus colegas de maneira adequada.

Conteúdo

Na primeira semana, deixe as conversas introdutórias no nível das informações usuais, como suas experiências profissionais e alguns poucos fatos corriqueiros pessoais, já mencionados. Caso se sinta tentado a jogar lenha na fogueira das fofocas, ao pé do bebedouro, contenha-se. Para evitar os embaraços sociais, fuja de assuntos pessoais delicados, como, por exemplo, a confusão de um primo seu com a Justiça ou quaisquer visitas de alienígenas que você tenha presenciado. Mantenha as conversas num tom caloroso, agradável, cordial e profissional. O objetivo é construir relacionamentos com os colegas de serviço, e não fazer com que eles saiam correndo.

Investigações

O mundo não gira ao seu redor. Em sua primeira semana, concentre-se em vasculhar o terreno e colher informações. Lembre-se sempre de perguntar aos colegas de trabalho sobre sua formação, seu histórico na empresa e os projetos em que estejam trabalhando.

Volume

Em que tom de voz as pessoas conversam? Duvidamos que todos no escritório queiram saber, todas as vezes, sobre o que você está falando. Isso é especialmente importante de lembrar quando, na sua seção, todos trabalham em um ambiente aberto. Embora sejamos entusiastas da partilha de conhecimentos, seus colegas podem não estar nem um pouco interessados sobre o que você quer almoçar na quarta-feira, ou mesmo na sua conversa ao celular. Mantenha sua voz e os sons de aparelhos pessoais – como rádios, celulares e alarmes – em um volume apropriado ao ambiente de trabalho.

Ritmo

Existem dois aspectos distintos quanto ao ritmo de uma conversa. O primeiro é a velocidade da fala das pessoas e o segundo é a velocidade com que elas passam de um assunto a outro. Os diálogos em sua firma acontecem como se fossem metralhados de um carro em movimento ou levam mais tempo do que você gostaria? Seu padrão de conversa e sua capacidade de mudar de assunto precisam sintonizar-se com essa realidade. Você não quer ser lento demais num ambiente rápido nem extremamente veloz num ambiente vagaroso. Perceba o que é mais adequado e se adapte da melhor forma.

Duração

O objetivo da primeira semana é fazer as apresentações e ter conversas informais. Ou seja, suas conversas devem durar de um a dez minutos no horário de trabalho ou até uma hora no intervalo para o almoço. A extensão da conversa deve se adequar ao local e à situação. Lembra-se da última vez em que ficou retido num bate-papo, quando na verdade precisava estar em outro local? Não importou quantas "indiretas" você deu, incluindo as olhadelas no relógio, ainda assim a outra pessoa não entendeu que você estava com pressa.

Não torne seus colegas reféns de sua conversa. Mantenha os diálogos numa duração apropriada. Procure por sinais de que as pessoas estejam loucas de vontade de partir e, educadamente, dispense-as.

Sua capacidade de começar no emprego deixando uma forte e boa impressão, tanto na aparência quanto na facilidade de conversação, vai fornecer-lhe uma excelente base para que as outras pessoas queiram se relacionar com você.

Junte tudo

Seja um campeão! Agora é o momento de colocar as idéias em prática. A melhor forma de aprender é fazendo. Pegue sua lente de aumento e passe a vasculhar o terreno. Descubra onde você se encontra e o que precisa fazer. Reúna informações para entender melhor a empresa em que trabalha e comece a construir relacionamentos com seus novos colegas.

A seguir, um guia para a sua agenda da Semana 1. Insira o que precisará fazer a fim de garantir que começa a conhecer o terreno em que está pisando. Ao terminar a semana, e antes que você esteja pronto para o tão merecido fim de semana, empregue alguns instantes para recordar os dias que passaram. Avalie: o que deu certo? O que você aprendeu? No que quer trabalhar ou o que deseja realizar na semana seguinte?

Parabéns pelos excelentes resultados que você com certeza conseguirá ao término de sua primeira semana de trabalho!

Guia para a sua agenda da Semana 1

(Utilize este guia para montar a sua agenda e usá-la na sua primeira semana de trabalho.)

Para agendar a semana de __/__/____ a __/__/____

Objetivo geral: dar seus primeiros passos

Aptidões Nadar ou Afundar	Ações desejáveis
1. Objetivos Explorar meu novo ambiente de trabalho.	Achar o refeitório. Achar o banheiro. Achar meu escritório e checar se tenho tudo de que preciso para uma estrutura de trabalho adequada. Certificar-me de que todo o meu equipamento de escritório foi solicitado, caso ainda não tenha tudo de que preciso.
2. Tempo Definir minha rotina.	Garantir que minha rotina matinal esteja me ajudando a chegar em tempo ao serviço. Identificar rotas alternativas para chegar ao trabalho. Prestar atenção no ritmo, na duração e no conteúdo das conversas no ambiente de trabalho.
3. Conhecimento Coletar informações acerca do meu emprego e da empresa.	Achar informações sobre o quadro de funcionários e os produtos e serviços da companhia. Conhecer novos colegas de trabalho.
4. Equipe Habituar-me com minha equipe e com seus processos.	Almoçar com um colega de equipe, ou da empresa, para construir relacionamentos. Conhecer as pessoas à minha volta. Conseguir uma reunião com meu chefe para esclarecer funções e responsabilidades.
5. Imagem Observar a cultura da organização.	Usar roupas adequadas. Aparar o cabelo e as unhas.

Semana 2
Controle suas emoções

"A semana passada voou. Nem acredito que a minha primeira semana no emprego fluiu tão rápido. Foi muito bom conhecer toda a equipe, estabelecer contato com cada pessoa e aprender mais sobre a empresa. Meu computador está ativo e funcionando, e estou ansioso para começar a trabalhar nos projetos. No entanto, primeiro preciso ter uma percepção clara do que de fato esperam de mim. Quais são exatamente as minhas responsabilidades e quem mais preciso conhecer para executar adequadamente o meu trabalho?"

Durante as primeiras semanas no emprego, você se empenhará no trabalho, garantindo ter tudo o que é necessário para causar um impacto positivo. A fim de estabelecer a direção correta dos seus passos e demonstrar resultados, precisará entender a relação entre seu trabalho e os objetivos de sua equipe e de sua empresa. Definir esses elos vai lhe dar rumo e motivação, pois você será capaz de compreender qual a relação direta entre seu trabalho e o sucesso da companhia.

Na segunda semana, seu objetivo deve consistir em entender os detalhes de seu emprego e como sua função se relaciona com os produtos e serviços que a firma fornece a seus clientes.

Semana 2	Objetivo geral: entender seu trabalho e como ele se encaixa no restante da firma
Aptidões Nadar ou Afundar	**Atividades**
1. Objetivos	Identificar suas responsabilidades essenciais.
2. Tempo	Ajustar a sua rotina diária para atender às suas necessidades.
3. Conhecimento	Determinar o que você sabe e o que precisa saber.
4. Equipe	Praticar suas aptidões de imagem, conhecendo mais pessoas.
5. Imagem	Observar a cultura da organização.

1. Objetivos

Seu objetivo para a segunda semana é esclarecer suas funções e responsabilidades. Pense em reduzir as ambigüidades. A última coisa que você pode querer é debruçar-se sobre sua tarefa para, somente depois de muito trabalho, descobrir que entendeu errado o que esperavam que você fizesse.

Agarre seu colete salva-vidas! Fale com o seu gerente para assegurar-se de que ambos não têm nenhuma dúvida sobre o que esperar de seu trabalho. Esse encontro entre vocês é uma oportunidade indispensável para você compreender seus projetos e o ajudar a definir a aparência do seu sucesso – do ponto de vista da empresa.

Observação: dependendo do ritmo e das exigências da companhia e de sua equipe, talvez você já se encontre trabalhando em projetos. Se já deu ou não início a eles, certifique-se de ter entendido e confirmado plenamente sua função, além de quando e o que deverá executar. No atual mercado de trabalho tão competitivo, a maior parte das empresas supõe que você começará a desempenhar seu papel logo no primeiro dia – ou seja, querem retorno do investimento em salário que estão fazendo em você. Não conclua precipitadamente que, por ser novo na empresa, você não precisa se preocupar com prazos de conclusões de trabalhos.

Felizmente, na semana passada, você conseguiu agendar uma reunião com seu gerente para esta semana. Caso não tenha conseguido por causa de alguma dificuldade nos horários, esboce um comunicado simplificado – ou mesmo um e-mail, se for o caso – que forneça ao seu gerente uma atualização sobre os seguintes assuntos:

1. Sua evolução até agora (por exemplo, o cumprimento das orientações; a organização do equipamento, projetos aos quais já deu início).
2. Quaisquer suposições que tiver referentes à sua função, suas responsabilidades e prioridades.
3. Qualquer coisa sobre a qual você precise chamar atenção (por exemplo, solicitações ou esclarecimentos).

O e-mail, ou o comunicado por escrito, não precisa ser complexo; deve ser conciso e sem rodeios. Por exemplo:

"Olá:

Estou adorando trabalhar aqui. Espero estar mais perto de você e da equipe. Sinto por não termos ainda uma oportunidade para conversar. Mas tudo vem caminhando de uma forma muito boa e produtiva. Gostaria de fazer um relatório sobre minha primeira semana:

1. Meu computador e meu telefone já estão funcionando.
2. Estou cumprindo as orientações dadas aos novos funcionários.
3. Tenho uma cópia da minha descrição de trabalho e já comecei a identificar detalhes adicionais à minha função.

Gostaria de confirmar com você a minha participação em um projeto cujo nome-código é Duende. 'Falando nisso, aquele doce é tão delicioso que parece magia.'

Será muito bom se pudermos marcar um horário o mais breve possível, talvez nesta semana, a fim de conversarmos sobre suas expectativas com relação ao meu trabalho e para verificarmos se estou no caminho certo.

Atenciosamente,
Pedro"

Não importa o tipo de relacionamento que você tenha com seu gerente no trabalho, existem regras universais que podem ser empregadas para deixar uma ótima impressão e dar o primeiro passo para um início de carreira bem-sucedido. O mais importante é seu objetivo básico: facilitar ao máximo o trabalho do gerente, que é gerenciar você. E isso pode começar bem melhor com uma iniciativa positiva de sua parte quanto a estabelecer a comunicação entre vocês.

Funções e responsabilidades

Felizmente, sua chegada ao novo emprego não foi anunciada com trompetes. Por isso, com mais freqüência do que se imagina, somente uns poucos colegas de serviço saberão, especificamente, por que você foi contratado. É extremamente importante não presumir que os outros saibam qual é a sua função.

O trabalho em equipe faz parte da vida corporativa e se espera que as equipes colaborem entre si. No entanto, o lado ruim dessa história é que não leva muito tempo para as responsabilidades entre você e seus colegas ficarem confusas. Embora a cooperação com os membros de sua equipe seja sempre algo bom, também é importante especificar as regras e as responsabilidades durante um projeto.

Se existe algo de seu interesse, cuja responsabilidade recaia sobre seus colegas, e que você gostaria de aprender, pergunte primeiro a eles. Faça-os saber também o motivo de seu interesse. Quanto mais informações os membros de sua equipe tiverem a esse respeito, maior a probabilidade de eles abrirem mão de alguns limites para você. A última impressão que você deve deixar é a de que copia os projetos alheios e tira os méritos de um colega.

O segredo para trabalhar bem em equipe consiste em transmitir a certeza de que você se aproxima do trabalho de seus colegas por causa da sua curiosidade e interesse em aprender, e não por alguma razão obscura (como, por exemplo, dar palpites nos projetos dos colegas como se fosse o dono da verdade).

Determine onde existem coincidências e diferenças entre você e os membros de sua equipe. Trata-se de algo importante a saber, pois você não quer avançar em território alheio desnecessariamente. Você pode encontrar um tigre feroz na virada da curva. As pessoas podem agir como quem defende o próprio território de uma ameaça, se começar a assumir as responsabilidades delas, especialmente em se tratando de um "novato".

Deixe bem claras as suas intenções e responsabilidades e como elas se correlacionam com as dos outros membros de sua equipe.

Identifique se você precisa da ajuda de outros colegas de fora da equipe para realizar os objetivos do seu projeto. Ao travar contato pela primeira vez com quem não faz parte da sua equipe, em razão de um projeto compartilhado, confirme se compreendeu bem a função dessa pessoa. Isso garante um início de relacionamento transparente entre vocês. Também possibilita que você levante dúvidas e negocie, no caso de haver diferenças de opiniões.

Do mesmo modo como foi feita a abordagem com os membros de sua equipe, deixe claro que você tem como responsabilidades ser prestativo, curioso e cooperar, em especial quando trabalha com outras pessoas que não fazem parte do seu grupo de trabalho habitual.

Projetos

Defina o nível de prioridade de seus projetos. Na reunião com seu gerente, certifique-se de que entendeu a importância e a prioridade que ele dá às várias atribuições que você recebe.

Descubra a aparência do sucesso para seu projeto. Isso é muito importante, porque seu ponto de vista de sucesso talvez não se pareça nem um pouco com a visão de seu gerente a esse respeito. Depois que você tiver isso claro, estará pronto para determinar os marcos dentro dos objetivos do projeto. Mas esse não é um processo linear. Você começa do princípio, definindo o objetivo e os níveis de prioridade. Em seguida, vai ao final, para determinar os fatores do sucesso. Finalmente, você completa o meio do processo, colocando os recursos que tem em mãos, considerando a situação em que está hoje e quais são os pontos (os marcos) para onde precisa ir.

Por que os meios (ou seja, os marcos) ficaram no final do esquema? Talvez porque seu gerente imagine que sua responsabilidade seja apenas gerar os marcos. Ele o contratou como especialista para preencher os espaços em branco nos projetos. Mas pode também ocorrer o contrário: você descobrir que seu gerente gosta de ensinar pela prática. Ele quer se certificar do seu conhecimento dos marcos e vai especificá-los, ou vai ajudar você a descobri-los. Qualquer que seja o caso, tenha certeza de que seus marcos serão nítidos, pois é você quem vai precisar chegar até eles.

Preferências e rejeições

É bastante óbvio que você vai querer descobrir, o mais breve possível, as preferências de seu gerente quanto à forma de trabalhar. Como fazer isso? A maneira mais fácil de obter essa informação é perguntando. É simples assim. Você ficaria surpreso se soubesse como as pessoas gostam de partilhar esse tipo de informação. Além do mais, perguntar sobre isso o torna simpático e interessado aos olhos do seu gerente.

Que perguntas específicas você deve fazer? Pense nelas como "as dez coisas mais importantes que seu gerente gostaria que você soubesse acerca de como trabalhar com ele e ter êxito" – incluindo suas preferências e rejeições. As rejeições abrangem tudo aquilo de que ele não gosta, como, por exemplo, e-mails e comunicados escritos com todas as palavras em letras minúsculas (ou maiúsculas). Sobre as preferências dele, procure ter definidos pontos como estes:

- Quando você comunica as atualizações do seu projeto, ele prefere receber via e-mail, secretária eletrônica, reuniões particulares ou reuniões com toda a equipe? Qual o nível de detalhe que ele espera que você apresente?
- Quando você precisa de um parecer dele sobre documentos e trabalhos concluídos, ele prefere e-mails ou reuniões? Com que regularidade?
- Quando você faz solicitações, seu gerente as prefere via e-mail, secretária eletrônica ou reuniões?
- Em uma emergência, qual é a melhor maneira de encontrá-lo? O que seu gerente considera uma emergência?

Adquira o costume de entender o que seu gerente espera que você realize, e como ele espera que você o faça. Ao perceber e evitar tudo o que faz seu gerente perder o sono, você estará mais bem preparado para dar prioridade à eficiência de seu trabalho, facilitar a sua vida e ainda fazer tudo isso de modo que agrade a seus superiores na empresa.

2. Tempo

Seja você uma pessoa metódica ou desorganizada, de qualquer forma, estabeleça uma rotina. Isso lhe permitirá colocar ordem e previsibilidade em seus dias e suas semanas.

Na primeira semana, você iniciou a prática de desenvolver uma rotina própria. Na segunda semana, você deve partir para o nível seguinte: revise e examine outros setores da sua vida profissional aos quais uma rotina pode trazer benefícios.

Introduza um sistema de agenda e uma lista de tarefas para organizar seu trabalho. Uma rotina o ajudará a cumprir de modo mais adequado os seus objetivos. Se quiser, você poderá também agendar "um pouco de desorganização", só para tornar as coisas mais interessantes.

Sistema de agenda

O uso de um sistema de agenda é a sua melhor estratégia para o sucesso. Permite organizar seu dia e lembrar (e não o deixar esquecer) de seus compromissos e possibilita que estabeleça prioridades. Embora isso não seja um conceito inédito, jamais conseguiremos enfatizar de forma satisfatória a importância de adquirir o hábito de utilizar uma agenda. Ela permite que você enxergue seu dia de maneira mais nítida e determine o que, de fato, pode ser realizado de acordo com as várias reuniões, compromissos e prazos existentes.

Há outra vantagem em manter uma agenda: ela fornece documentação e lembretes sobre o que você vem fazendo. Quando chegar o dia – e com certeza vai chegar – em que seu chefe lhe perguntar o que fez durante os dois meses passados, você poderá examinar sua agenda para refrescar a memória – sem maiores preocupações.

Dependendo do nível de tecnologia utilizado pela empresa, há uma série de opções de agendas. Você pode escolher desde dispositivos computadorizados, portáteis e sofisticados, até um organizador tradicional, em papel.

Caso você já possua o hábito de manter uma agenda detalhada, muito bem! Continue assim! Se não tem esse costume, eis a melhor ocasião para começar. Não interessa a tecnologia que utilizar, certifique-se de que ela seja o mais eficiente e compatível com os sistemas da companhia.

Além de usar a agenda para marcar seus encontros e suas reuniões, eis algumas dicas adicionais:

- Coloque nela os prazos e marcos de seus projetos. Isso manterá as datas importantes na sua frente e funcionará como um lembrete para que você cumpra suas metas.
- Faça um esboço dos horários escolhidos para trabalhar em seus projetos a cada dia. Isso o ajudará a planejar a realização de seu trabalho, além de permitir uma cer-

ta flexibilidade caso apareça alguma reunião de última hora.

- Examine sua agenda pelo menos três vezes ao dia:
  - *No início do dia.* Certifique-se sobre o que esperar e onde concentrar sua atenção naquele dia.
  - *Antes do almoço.* Saiba a que horas você precisa voltar do almoço e como será a sua tarde de trabalho.
  - *Ao final do dia.* Prepare-se para o dia seguinte e tenha certeza de que não será surpreendido por uma reunião na Europa antes de o expediente começar.

Use seu sistema de agenda para começar a avaliar o quanto você consegue fazer em um dia, em termos realistas, sem esquecer das suas reuniões e dos imprevistos que acontecem. Isso o ajudará mais tarde, quando assumir novos trabalhos. Você vai adquirir a capacidade de prever, com precisão, o tempo exigido para concluir um projeto.

Mostre quem manda

Você pode dominar suas tarefas, ou elas podem dominá-lo. Documentá-las de forma organizada lhe dará uma noção do que precisa ser executado. Mantém sua mente centrada, à medida que estiver conferindo uma tarefa e partindo para a seguinte.

Uma lista de tarefas faz com que você não esqueça do que precisa ser feito. Imagine a sensação de realização que você experimenta conforme retorna à sua lista de tarefas já executadas. Ela lhe mostra um balanço imediato do seu progresso, ao mesmo tempo em que comemora a glória de todas as suas realizações do dia.

Conforme você começar a inserir reuniões e prazos em sua agenda, vai descobrir que tem algumas opções para administrar suas tarefas. Existem agendas que já trazem um sistema interno de lista de tarefas. Mas você também pode gerenciar suas tarefas usando o velho método, testado e aprovado, de escrever sua lista em uma folha de papel, riscando o que já foi finalizado e transferindo a lista para uma outra folha em branco, quando a anterior tiver se tornado difícil de decifrar.

Usar um bloco de notas é uma ótima forma de registrar as tarefas que você já identificou como suas atribuições específicas. O caderno de anotações – seja um bloco de papéis, seja uma caderneta – é um jeito sensacional de documentar tudo em papel, para que você saiba exatamente onde encontrar sua lista de tarefas a qualquer momento.

Se você é um maníaco por engenhocas, pode usar seu aparelho de última geração para fazer o mesmo. Mas, sejamos honestos: por mais que suas aparelhagens sejam legais, sofisticadas e avançadas, ainda é possível escrever mais rápido à mão, e seu "bloco-de-notas-padrão" não gasta baterias nem perde a memória.

Porém, não importa a sua opção de agenda, assegure-se de que ela corresponda ao seu estilo de trabalho e, mais importante, certifique-se de manter uma lista de tarefas atualizada sempre ao seu alcance.

Observe o tempo

Agora chegamos ao momento em que as decisões vão se tornar pessoais, entre "você e você". Não se preocupe; não há ninguém olhando por cima do seu ombro. É hora de uma conversa franca sobre como acredita administrar seu tempo e como de fato o faz.

Você consegue disfarçar sua preguiça aparentando estar de fato ocupado com uma tarefa enorme e organizada, mas não consegue fazer muita coisa porque passa a maior parte do tempo "organizando as coisas"? Fica adiando as tarefas só para sentir a adrenalina correndo enquanto o prazo se esvai? Fica ansioso diante de uma atribuição e se apressa em concluí-la só para poder tirá-la da sua lista?

Não importa em qual desses casos se encaixa agora. Você se tornará um mestre do tempo. Comece analisando seus hábitos no uso do tempo.

Seja honesto consigo mesmo. Pense nos padrões que já tem formado e que utiliza quando precisa iniciar ou concluir um trabalho.

Identifique qual desses seus atuais hábitos de gerenciamento de tempo é realmente útil. Agora, examine o lado mais sombrio da sua personalidade. Identifique o que não funciona tão bem e não contribui para o seu sucesso.

Determine quais os hábitos com que você deseja se comprometer para cumprir os prazos de um modo diferente do que faz agora. Sim, é como uma resolução de ano-novo, só que agora estamos falando de um emprego novo. Modifique seus hábitos com base em suas reflexões. Se precisar reduzir seu ritmo e sua velocidade de ação, faça isso. Se você costuma iniciar um projeto 24 horas antes da data do prazo final, tente começá-lo mais cedo. Faça agora mesmo a escolha e passe a modificar seus hábitos.

3. Conhecimento

Agora que você tem uma compreensão mais nítida dos vários componentes que se relacionam a seus projetos e objetivos, fica mais fácil perceber quais os recursos necessários para a conclusão desse trabalho. Nesta seção, vamos pensar juntos sobre as tarefas que lhe são solicitadas no novo emprego e os recursos de que precisará para realizar tais atividades.

Análise de lacuna

A primeira etapa é definir o que você precisa, por meio de uma "análise de lacuna de conhecimento". O que é isso? Dentro do contexto de seus objetivos, trata-se de um método que define onde você está, aonde quer chegar e de que precisa para chegar a esse ponto. Uma análise de lacuna identifica as aptidões, as informações e os conhecimentos necessários para atingir determinado objetivo.

Você imagina que foi contratado para um emprego em que deveria ter todas as aptidões necessárias. Embora isso possa ser verdade, existem informações adicionais ou conhecimentos sobre a empresa que você ainda não tem. Também pode ser o caso de ter mudado de emprego exatamente porque queria aprender algo novo. Não importa a sua situação, sempre existem informações novas, novos conhecimentos e aptidões das quais você precisará.

Para efetuar uma análise de lacuna de conhecimento, divida o seu trabalho em partes. Defina um quadro geral de suas responsabilidades na empresa e dos projetos que lhe foram passados. Para cada projeto, estabeleça o seguinte:

1. Quais as informações necessárias para concluir esse projeto com êxito?
2. Que informações tenho agora?
3. Que informações mais preciso adquirir?

Tipos de recursos

Tantos são os recursos necessários, mas tão pouco o tempo para obtê-los! Como você começou a perceber a partir de sua análise de lacuna, existe uma imensidão de tipos de informações das quais você precisa. Elas variam desde dados simples até sistemas bastante complexos. Para organizar essas necessidades de informação, vamos agrupá-las em quatro níveis. Isso facilitará o desenvolvimento de um plano completo para você concluir suas tarefas, adquirir recursos necessários e desenvolver suas aptidões.

***Nível 1 – Informações de arquivo*:** dados rápidos que você pode pesquisar por conta própria, de modo a desenvolver uma compreensão em determinada área ou assunto. Incluem-se aí livros, artigos publicados, documentos de pesquisa e informações disponíveis na internet.

***Nível 2 – Informações fornecidas por pessoas*:** dados e conhecimentos provenientes da capacidade ou da experiência de alguém. Para ter acesso a esse tipo de informação, defina, primeiramente, quem são esses indivíduos. Entre em contato com eles e, em seguida, obtenha a informação. Uma vez que ela se origina de pessoas, trata-se de uma informação dinâmica (e não estática, como as que obtemos de arquivos). Há mais variáveis, como acessibilidade à pessoa, preferências dela e sua boa vontade em compartilhar, que também têm impacto sobre o tipo de informação que você pode conseguir e o tempo que pode levar para obtê-la.

***Nível 3 – Treinamentos*:** um processo formal, através do qual você desenvolve ou aumenta sua base de conhecimentos e aptidões. O treinamento pode dar-se sob a forma de cursos disponíveis em livros, pela internet ou em salas de aula. Ele requer mais tempo, que geralmente varia de muitas horas a vários dias.

***Nível 4 – Programas de certificação e graduação*:** um nível ainda mais profundo de aquisição de informações e conhecimentos, que se dá por meio do acompanhamento de um programa ou curso no qual existem grupos dominantes, exigências específicas e exames que asseguram o seu aprendizado das informações. Isso demanda um período ainda maior para a conclusão.

Utilize esses quatro níveis de recursos para obter conhecimentos, de modo a suprir suas necessidades com o tipo de informação adequada para completar seus projetos e atender às exigências de sua função. Com freqüência, as fontes de informações e de conhecimentos de que você precisa para seus projetos podem ser encontradas nos dois primeiros níveis. Planeje seus prazos e marcos de acordo com essas possibilidades.

4. Equipe

Em sua segunda semana você prosseguirá com o processo de criar vínculos, definindo os objetivos de sua equipe e a função de cada membro. À medida que suas responsabilidades específicas forem se tornando mais claras, você precisará entender até onde vai a responsabilidade de cada um dos componentes da sua equipe, e como as funções deles se relacionam com a sua. Você também deverá ter certeza de que os objetivos de sua equipe estão devidamente estabelecidos e claros.

Vá xeretar

Obtenha um quadro organizacional de seu departamento de modo a compreender melhor a estrutura de sua equipe. Se você não conseguir uma cópia desse documento, obrigue-se a conhecer cada membro de sua equipe pessoalmente. Descubra quem são, quais as suas funções, seus históricos na firma e os projetos nos quais se encontram envolvidos.

Nesse processo de coleta de informações e de se ambientar com sua equipe, talvez você fique ansioso para anunciar aos colegas de serviço seu grande plano de tornar este o melhor ano que sua equipe já teve. Mas contenha-se por enquanto. Sua exultação é sensacional e muito importante. Porém é preciso lembrar que os outros podem não partilhar de seu nível de entusiasmo.

Cada um dos membros de sua equipe tem seus próprios discernimentos e opiniões sobre como as coisas funcionam. Falando com sinceridade, alguns podem até estar com estafa e precisando de uma mudança de ambiente. A última coisa que querem ver é um novato agitando pompons como uma líder de torcida, com suas idéias sensacionais e foras-de-série.

Lembre-se de que, apesar de seus colegas de trabalho enxergarem esse seu comportamento como uma manifestação inocente de seu entusiasmo e suas novas idéias, você ainda é o garoto novo do pedaço. Se chegar pegando pesado, parecendo um sabe-tudo eufórico, poderá causar alguns melindres.

Nas conversas, vá com calma. Em algumas áreas, você terá aptidões semelhantes às dos seus colegas de equipe. Isso pode criar um clima de competição e, daí, um sentimento de ameaça nos outros funcionários. Recomendamos enfaticamente que você faça muitas perguntas. Arme-se de questionamentos e se aproxime de seus colegas por meio da curiosidade.

Busque oportunidades para aprender. Não queira inventar a roda em um projeto novo. Se alguém da sua equipe recentemente fez algo semelhante, siga sua experiência e seus pensamentos. Mas não fique surpreso caso invada acidentalmente o território de outros funcionários ou caso depare com alguma resistência de seus colegas em compartilhar conhecimentos.

Apesar desses obstáculos iniciais, continue perguntando. Perguntar é o mais importante. A fim de evitar a resistência inicial de seus colegas, apresente claramente suas intenções: não se trata de copiar as idéias e sim de usá-las como guias para que o trabalho seja concluído de maneira rápida e bem-sucedida.

Se encontrar muita resistência, primeiro dê sua contribuição para mostrar a sua boa-fé. Compartilhe informações ou algum recurso que acredite ter relevância e peça opiniões. Mesmo se não tiver as respostas certas, ao envolver o outro você cria uma dinâmica de reciprocidade para que todos compartilhem. As pesquisas mostram que as pessoas se tornam mais receptivas depois de receber algo dos outros.

Mantenha vivo o amor

Agora que está cuidando de seu convívio social no escritório, você vai querer certificar-se de estar construindo relacionamentos que vão além do superficial. Mantenha-se ligado às pessoas de modo que elas pensem em você quando houver uma necessidade ou uma oportunidade.

Não o condenaremos se você preferir ficar jogando "Batalha Naval" no seu computador em vez de mandar para o Beltrano, do departamento financeiro, aquela matéria interessante sobre investimentos. Contudo, se você empregar trinta segundos para enviar-lhe um e-mail com esse artigo, reforçará seu relacionamento com ele e fortalecerá sua rede de contatos.

Para "manter vivo o amor" nas suas relações de trabalho, sugerimos que você não tenha uma postura arrogante com seus colegas de serviço, não os entupa com e-mails aleatórios nem mande cartões de saudações com os dizeres: "Lembrei de você". Mantenha-se ligado a eles de maneira adequada. Fazendo isso corretamente, você demonstra, por exemplo, estar atento aos pormenores de uma conversa e dar valor ao que eles dizem. Isso fortalece sua imagem e reforça o modo como deseja ser conhecido.

Eis algumas idéias para ajudá-lo a manter-se em contato com seus companheiros de trabalho e montar sua rede de influências:

- Almoce com pessoas diferentes regularmente.
- Se encontrar alguma informação relevante ou interessante, como uma matéria ou artigo, envie-a para colegas que tenham interesse naquele assunto.
- Guarde na memória as conversas mais recentes que teve com alguém. Envie a essas pessoas um e-mail para dar um olá, pergunte sobre elas e, caso seja adequado, almocem juntos.

Sua capacidade de trabalhar em equipe é essencial para a criação de uma sólida rede de colegas de serviço, com os quais você poderá contar quando necessário. Sua rede de contatos é um recurso inestimável.

Você descobrirá que muita gente tem preguiça de trabalhar com redes de contatos, mesmo quando conhecem o seu valor. Com freqüência, as pessoas vivem tão envolvidas e sobrecarregadas que se esquecem de cuidar de antigos contatos de modo a manter os relacionamentos vivos. Não deixe isso acontecer com você. Monte sua rede de contatos no início de seu novo emprego e a mantenha sempre ativa.

5. Imagem

Como já discutimos antes, é muito importante, em sua segunda semana de emprego, continuar conhecendo pessoas e criando sua rede de contatos. Trata-se, também, de uma ótima oportunidade para treinar suas aptidões de ouvir os outros de modo ativo e participativo, contribuindo assim para o diálogo.

Seis níveis de separação

De uma forma ou de outra, todos nós nos encontramos conectados. Se não acredita, consulte as estatísticas. Não há, na verdade, mais do que seis níveis de separação entre você e qualquer outro ser humano no mundo. Mais impressionante do que isso é que, provavelmente, existem ainda menos níveis de separação entre você e os funcionários da companhia e do seu ramo de atividade. Quando se encontrar em uma rede de contatos mais sólida, você vai descobrir que conhece quase todo mundo.

Em sua segunda semana no emprego, assegure-se de ainda continuar a conhecer pessoas. Amplie sua rede de contatos de modo a incluir outros colegas de seu departamento. Você já conheceu sua equipe. Existem, agora, aqueles que não fazem parte dela e com quem você deve se relacionar. Com o passar do tempo, provavelmente trabalhará com ou para eles. Eles podem também, um dia, trabalhar para você. Pode acontecer de tudo nas empresas.

Sua rede de contatos pode influir na facilidade com que você faz manobras e obtém êxitos na companhia. Pense em sua rede de colegas em expansão como um lubrificante social: conhecer pessoas ajuda a realizar o trabalho com mais rapidez, reduz o atrito entre as organizações e amplia as oportunidades.

Embora não esperemos que você fique fascinado por todos com quem trabalha, é importante, no mínimo, permanecer gentil e profissional durante o tempo todo. Se ficar irritado, reprima-se. Caso receba um e-mail que o tire do sério, respire fundo antes de apertar o botão "Responder". Sua reputação vai se espalhar depressa na empresa; melhor que ela seja positiva, concorda?

Ouvir ativamente

O que você diz às pessoas quando se apresenta? Na semana passada você compartilhou com seus novos colegas suas experiências, sua formação e alguns fatos corriqueiros pessoais. Também se certificou de perguntar-lhes sobre eles mesmos.

Apesar de você ser o astro do seu espetáculo, é interessante também deixar um bom espaço para os coadjuvantes. É importante, em suas conversas, demonstrar que está ouvindo a outra pessoa. "Ouvir ativamente" é um desses termos muito utilizados no ramo das aptidões de boa educação. Trata-se de uma qualidade extremamente desejável e, no entanto, nem mesmo os chefões das grandes empresas costumam ser muito bons nessa prática. Então, esteja um passo adiante da concorrência e afie sua capacidade de ouvir atentamente as pessoas à medida que cria sua rede de contatos.

Lembre-se dos conceitos básicos para ouvir atentamente:

Permaneça em silêncio enquanto o outro estiver falando. É tão óbvio, e tanta gente não consegue fazer. Pressione os lábios um contra o outro, caso precise evitar dizer algo.

Não interrompa a outra pessoa para expressar um pensamento, com medo de esquecê-lo. A interrupção demonstra ao outro que você não estava ouvindo, por estar em profundos pensamentos com relação a qualquer outro assunto que tinha a necessidade de comentar.

Olhe na direção da outra pessoa. Em certas culturas, é adequado manter o contato dos olhos; em outras, basta olhar em direção à pessoa. Em ambos os casos, não convém ficar alheio ao seu locutor. Um olhar de relance na direção do outro sempre é uma boa estratégia.

Diga coisas relevantes. Seja acompanhando o ponto de vista do outro com idéias adicionais, seja respondendo-lhe às perguntas, certifique-se de continuar no tema. Se mudar de assunto depressa, sem fazer uma transição, a outra pessoa terá a nítida impressão de que você estava com a cabeça em outro lugar enquanto ela falava.

Utilize palavras-chave. Se não tiver entendido o que a outra pessoa disse, repita algumas das palavras mais importantes para demonstrar sua compreensão sobre um determinado item. Você não vai parecer um idiota se perguntar algo, mas mostrará, ao repetir as palavras, que estava prestando atenção.

Faça resumos. Quando achar que já compreendeu o que a pessoa está dizendo, dentro do contexto da conversa toda, resuma, com as próprias palavras, o que acabou de ouvir. É uma ótima maneira de fazer o outro saber que você estava ouvindo, quando consegue sintetizar as áreas mais importantes que foram discutidas. Cuidado: assegure-se de não fazer isso com muita freqüência em um diálogo, pois vai parecer que você está tendo dificuldades de entender, ou imitando a outra pessoa.

Ouvir atentamente é uma aptidão fundamental para a criação de uma rede de contatos. Essas são regras simples e fáceis de seguir. Lembre-se: *ninguém gosta de conversar com o Fulano, porque ele sempre interrompe; nem com o Beltrano, que vive falando de si próprio; tampouco com o Sicrano, que vive desviando do assunto.* Utilize essas diretrizes para ter conversas efetivas.

Junte tudo

Seja um campeão! Agora é o momento de colocar as idéias em prática. A melhor forma de aprender é fazendo. Controle suas emoções, no que diz respeito à sua função e aos seus projetos. Descubra qual é a sua responsabilidade na empresa e o que é sucesso para você. Tenha nítidos os conhecimentos, as informações e as aptidões necessários ao seu êxito e os reúna na sua agenda e na sua lista de tarefas.

Continue semeando relacionamentos com seus colegas de serviço, particularmente com os membros de sua equipe. Use suas aptidões para ouvir atentamente, em suas conversas com os colegas de trabalho, a fim de desenvolver uma sólida rede de contatos.

A seguir, um guia para a sua agenda da Semana 2. Estude bem o que precisará fazer nela a fim de garantir que vai controlar suas emoções e corresponder ao que se espera que você faça. Ao terminar a semana, e antes que esteja pronto para o tão merecido descanso de domingo, empregue alguns instantes para recordar os dias que passaram. O que deu certo? O que você aprendeu? No que quer trabalhar ou o que deseja realizar na semana seguinte?

Parabéns pelo empenho e pelo êxito em sua segunda semana de trabalho!

Guia para a sua agenda da Semana 2

(Utilize este guia para montar a sua agenda e usá-la na sua segunda semana de trabalho.)

Para agendar a semana de __/__/____ a __/__/____

Objetivo geral: entender seu trabalho e como ele se encaixa no restante da firma

Aptidões Nadar ou Afundar	Ações desejáveis
1. Objetivos Identificar suas responsabilidades essenciais.	Esclarecer a minha função e os fatores de sucesso para os projetos. Reduzir as ambigüidades de definições de minhas tarefas. Definir os níveis de prioridade de meus projetos.
2. Tempo Ajustar a sua rotina diária para atender às suas necessidades.	Estipular prazos em meus projetos. Fazer anotações em meu sistema de agendas e de lista de tarefas. Determinar setores da minha vida profissional nos quais uma rotina pode trazer benefícios.
3. Conhecimento Determinar o que você sabe e o que precisa saber.	Achar as tabelas organizacionais do departamento. Determinar os conhecimentos essenciais de que preciso para meus projetos. Planejar prazos e marcos de acordo com os recursos disponíveis.
4. Equipe Identificar as responsabilidades dos membros de sua equipe.	Conhecer mais colegas de serviço. Buscar oportunidades de aprender com a equipe. Manter-me ligado às pessoas da equipe.
5. Imagem Praticar suas aptidões de imagem, conhecendo mais pessoas.	Treinar minhas aptidões de ouvir ativamente, em especial manter o contato com os olhos e não interromper. Em minhas conversas, demonstrar que estou ouvindo a outra pessoa com interesse.

Semana 3

Empenhe-se

"Eis-me aqui, na terceira semana de trabalho, ainda ansioso por continuar meus projetos. Tenho uma compreensão bastante clara sobre o que esperam de mim e o que preciso fazer como minhas atribuições. Ainda preciso de mais informações sobre meus colegas. Também preciso agendar um horário com meu gerente para verificar e garantir que estou no rumo certo. Melhor marcar isso para o mais cedo possível, antes que a agenda dele fique logo cheia."

Seu mais amplo objetivo da semana 3 é empenhar-se em suas tarefas. Isso quer dizer que você continuará seus projetos e confirmará seu progresso com seu gerente. Vai continuar avaliando e treinando suas aptidões de gerenciamento de tempo e as de equipe, além de aprimorar as aptidões de imagem, praticando quando fizer perguntas, quando passar informações e quando se mantiver em silêncio. Você está seguindo rumo ao seu sucesso e quer ter certeza de que seu colete salva-vidas está bem preso à sua cintura, à medida que continua nadando.

Semana 3	Objetivo geral: entender seu trabalho e como ele se encaixa no restante da firma
Aptidões Nadar ou Afundar	**Atividades**
1. Objetivos	Esclarecer suas tarefas.
2. Tempo	Identificar o tempo que corresponde a cada parte de suas tarefas.
3. Conhecimento	Determinar quais os recursos necessários e onde obtê-los.
4. Equipe	Deixar claras as expectativas de seu gerente e de sua equipe quanto a você. Criar uma rede de contatos para obter as informações necessárias.
5. Imagem	Ponderar sobre suas perguntas, fornecer respostas e opiniões e fazer solicitações precisas.

1. Objetivos

Na semana passada, você deixou bem definida a sua função no trabalho. Na Semana 3, esclarecerá seus projetos e o que é esperado de você. Isso significa que vai precisar pensar a respeito das bases de definição dos objetivos para seus projetos. Você precisa deixar bem claros a prioridade do projeto, os fatores para o sucesso, os marcos, o cronograma e os recursos necessários. Embora se trate de itens básicos, nunca é demais enfatizar a importância de conhecer claramente seus objetivos, de modo a saber qual o seu rumo, como chegará lá e como saberá que chegou quando for o caso. É crucial conhecer esses dados com antecedência para só depois mergulhar de cabeça em seus projetos.

Qual é o objetivo?

Você ficaria surpreso se soubesse com que freqüência as pessoas descobrem, no meio do caminho, que estão nadando fora da rota porque não definiram com clareza os objetivos do projeto desde o início. Antes de mergulhar, certifique-se de que a profundidade do local é suficiente. Observe antes e pergunte, de modo a garantir a perfeita clareza de tudo. Quando seus objetivos estão nítidos, há uma probabilidade maior de seus projetos darem certo. Projetos que não podem ser executados em tempo, dentro do orçamento nem vinculados a um objetivo claro, que dê sustentação ao departamento responsável e aos objetivos da firma, provavelmente serão jogados fora – juntamente com o seu cargo.

Fatores para o sucesso

Para obter êxito em seus projetos, comece por observar o resultado final. O que você espera atingir? Dê uma olhada em sua bola de cristal e pergunte-se:

O que você verá quando o trabalho estiver concluído? Qual a aparência da finalização do serviço? Em geral as pessoas não passam tempo suficiente perguntando-se como é a aparência do sucesso. Normalmente se atiram de cabeça em um projeto, por ser algo novo e estimulante ou por causa das pressões de prazos.

O que você ouvirá? O que seu gerente, sua equipe e seu cliente dirão acerca do projeto? Em geral, após a sua conclusão, a maioria reclama do tempo gasto, das complicações ou da morosidade das manobras políticas necessárias para que as coisas fossem feitas.

Ao definir o significado de sucesso para seu projeto, pense sobre o que seria agradável ouvir sobre ele quando estiver concluído. Gostaria que dissessem que foi divertido, uma experiência incrível de aprendizado? Em caso afirmativo, o que você precisa fazer em seu processo de marcos e planejamentos para garantir que ouvirá essas palavras no final?

Como vai se sentir? Qual o nível de satisfação e de comprometimento com as diretrizes da empresa que você deseja ao final do projeto? Como ter certeza de ficar satisfeito com o produto final? Quer sentir que aprendeu bastante com esse trabalho? Ao responder com clareza a essas perguntas, você poderá trabalhar de modo a assegurar que a experiência lhe dará aquilo que deseja.

Ao obter uma imagem do sucesso, por inteiro, você conseguirá trabalhar mais facilmente rumo a ele. Essa imagem lhe possibilita executar seu planejamento de trás para a frente e determinar o que precisa ser feito em cada ponto desde as suas metas até a fase do projeto na qual está trabalhando atualmente.

Marcos

Se os fatores para o sucesso são "o quê" realizar, os marcos fornecem detalhes sobre "como" executá-los. Se os marcos foram definidos para você por seu gerente, ou se você mesmo vai ter de defini-los, tenha uma coisa em mente: é muito importante assegurar-se de que eles estejam nitidamente especificados. Determine sempre as etapas menores dentro do projeto que precisam ser efetuadas a fim de atingir os objetivos finais.

Utilize as informações levantadas na análise dos seus "fatores para o sucesso" como um dos meios para auxiliar na identificação dos marcos que precisam ser posicionados. Por exemplo: caso você se preocupe com a possibilidade de as pessoas incomodarem-se com algumas das mudanças que está planejando, coloque pontos de verificação no seu cronograma de modo a assegurar que você tenha informações, respaldo e compromisso delas com suas idéias.

Recursos

Uma vez que seus *fatores para o sucesso* e seus *marcos* foram definidos, considere os *recursos* que possui, ou que precisará obter, para fazer o seu trabalho. Podemos incluir nessa categoria o tempo e a especialidade de outras pessoas, conhecimentos que você tem ou precisa adquirir, orçamento e equipamentos disponíveis.

O mundo é uma selva, e os recursos, escassos. Para concluir seus projetos e cumprir seus objetivos com êxito, você terá de saber, de modo bastante claro, quais os recursos essenciais, quais os necessários, como acessá-los e quais recursos podem ser dispensados sem prejuízo. Prepare-se para defender as razões pelas quais você precisa deles, caso contestem seu pedido desses recursos.

Assim que tiver definido os recursos necessários, verifique sua disponibilidade. Quem sabe você precise solicitar tempo de seu gerente ou de outros colegas. Às vezes, a obtenção de recursos pode demorar. Será que você ainda consegue cumprir os prazos e objetivos com a falta de alguns desses recursos?

Haverá ocasiões nas quais será esperado o seu melhor para executar um projeto com recursos bastante limitados. Se for o caso, assegure-se de que seu gerente conhece a situação, de modo que sejam negociadas e compreendidas, em sua totalidade, as expectativas sobre os resultados e o melhor prazo para a realização do seu projeto. A escassez é um fato na vida das empresas. Deixe claro tudo aquilo de que você necessita, mas não fique se lamentando se não conseguir. Lembre-se de manter seu profissionalismo, com uma atitude empreendedora, independentemente dos recursos disponíveis.

Datas e prazos

Nenhum plano saudável será completo sem datas específicas. Acrescente datas às diversas fases do seu projeto, trabalhando na ordem inversa: partindo da sua meta final e do seu prazo para a conclusão do projeto. A cada marco, associe datas específicas. Leve em conta os recursos necessários e se existem possíveis atrasos devido à indisponibilidade desses recursos.

Sabemos que você está ansioso para mostrar sua rapidez em efetuar os serviços. Mesmo assim, dê-se tempo suficiente para fazer um bom trabalho e considere os imprevistos. Sempre é melhor entregar o trabalho antes, ou no prazo, do que atrasado. Se achar que não há tempo o bastante, talvez seja melhor mostrar seu cronograma a seu gerente e reformular suas expectativas. Isso pode envolver uma renegociação dos prazos ou ainda uma nova priorização dos projetos sob seus cuidados.

2. Tempo

À medida que você trabalha em seus objetivos, use de maneira ativa suas ferramentas de gerenciamento de tempo, conforme estudamos anteriormente. Essas ferramentas são essenciais para ajudá-lo a não sair da rota e prepará-lo para futuros imprevistos. O gerenciamento efetivo de tempo não é assunto somente para grandes iniciados; exige apenas um pouco de disciplina e o desejo de aproveitar, de fato, seu tempo ao máximo. Em sua terceira semana, você identificará as quantidades de tempo correspondentes a cada uma de suas tarefas.

Use sua agenda

Sua agenda não existe para enfeite. É para uso diário e intensivo. Conforme mencionamos nas semanas anteriores, verifique sua agenda pelo menos três vezes ao dia:

De manhã, assim que começar o seu dia – o que ajudará seu cérebro a manter-se centrado.

Antes do almoço – isso lhe mostrará a que horas você precisa voltar do almoço e como será a sua tarde de trabalho.

Ao fim do dia – o que vai garantir sua preparação para o dia seguinte.

Anote em sua agenda todas as suas reuniões, eventos, marcos e prazos.

Com *Nadar ou Afundar*, você obterá dicas, truques e sugestões para aproveitar seu tempo ao máximo. Vamos ver a seguir algumas maneiras práticas adicionais de realizar um gerenciamento efetivo do seu tempo:

Não agende duas vezes a mesma tarefa, nem dois compromissos ao mesmo tempo, o que é ainda pior. Isso seria a manifestação definitiva da polivalência dando errado. Já escutamos histórias de terror sobre indivíduos que tentam participar de uma reunião por telefone e de outra pessoalmente. Você pode pensar que isso leva uma pessoa a parecer importante, que precisa estar em dois lugares ao mesmo tempo; mas a impressão deixada, contudo, é a de ser desorganizada, ou alguém que não respeita o tempo dos outros.

Atualize sua agenda na mesma hora em que os eventos e o trabalho forem alterados. É fácil se distrair e esquecer de atualizar os dados – o que pode levar a inúmeras situações embaraçosas e desnecessárias. Se você tem sempre a sua agenda à mão, pode efetuar suas atualizações rapidamente. Faça-as regularmente.

Grudar uma reunião atrás da outra não favorece, necessariamente, o seu êxito quanto a gerenciamento de tempo, a menos que você seja muito bom em interromper conversas e disparar para outra reunião. Essas maratonas de reuniões são intensas e espera-se que você esteja atento por horas a fio. É mais provável você correr de uma reunião para outra em desesperada impontualidade.

Sim, haverá ocasiões nas quais não poderá evitar marcar reuniões uma atrás da outra. Nesses casos, assegure-se de que todos tenham conhecimento de sua agenda apertada. Nessa situação, é importante ser pontual e abandonar a primeira reunião em um horário conveniente. Não se preocupe: você não vai dar a impressão de achar que o mundo gira ao redor do próprio umbigo, principalmente se explicar a todos a importância de comparecer a todas as reuniões nos horários marcados.

Lista de tarefas

Está na hora de aproveitar as minúcias: sua lista de tarefas vai auxiliá-lo a chegar a um nível de especificidade que você sempre quis e nunca imaginou possível. Eis as etapas que o levarão até lá:

1. Crie e mantenha uma *lista de tarefas gerais,* com os projetos e itens mais importantes nos quais você está envolvido. Essa lista vai ajudá-lo a sempre ter uma visão de conjunto.
2. A partir da lista geral, crie uma *lista de tarefas em andamento*. Coloque os itens que você precisa executar diariamente. Assim, você terá flexibilidade para agendar outros itens, posteriormente, na semana.

a. Coloque as tarefas do dia. Isso o deixará organizado e centrado.
b. Quando houver itens a inserir mais adiante na semana, por motivo de disponibilidade de recursos, prazos ou por serem assuntos de menor prioridade, coloque-os na lista de tarefas em andamento para um outro dia. Esse outro dia pode estar dentro do prazo de cinco dias úteis, ou mesmo além. Por exemplo, na terça-feira, algumas tarefas não urgentes podem aparecer e serão concluídas posteriormente. Você poderá colocá-las em sua lista de tarefas para a próxima segunda-feira.

Eis como tudo isso fica ao ser aplicado: você pode estar trabalhando em cinco projetos separados, e o mais importante deles levará um mês para ser concluído. Quando divide o projeto em tarefas, percebe a existência de determinados itens na primeira semana que precisa concluir até quarta-feira e outros que podem esperar até a sexta.

Agora você tem uma lista geral de tarefas e uma lista diária que lhe permitem gerenciar seu tempo pela semana toda e também definir convenientemente a conclusão de seus projetos.

Além de organizar a execução de seus projetos, sua lista de tarefas é também uma forma de deixá-lo a par de tudo o que precisa ser efetuado: providenciar a documentação para um colega de serviço, dar os telefonemas de retorno referentes a assuntos que requerem a sua opinião, examinar aquele documento solicitado por um dos membros de sua equipe. Sua lista vai ajudá-lo a administrar todas aquelas tarefas extras de menor porte e garantir que sua capacidade de acompanhá-las o apresenta como um astro de primeira grandeza.

3. Conhecimento

Durante a sua terceira semana, sua busca por conhecimentos vai concentrar-se nos vários recursos necessários à sua tarefa. Comece com aqueles disponíveis à sua volta. Os membros da sua equipe e os colegas de serviço são boas fontes de informação. À medida que você começa a agrupar os recursos necessários, é importante realizar um trabalho completo para identificar as pessoas e as informações que terão impacto sobre seus projetos.

Há uma boa possibilidade de alguns indivíduos de dentro e de fora da firma terem realizado esforços similares. Será de grande valor conversar com pessoas da empresa sobre projetos semelhantes em que trabalharam, recursos que elas podem partilhar com você, dicas que podem fornecer e armadilhas a evitar. Conforme trabalha em seu projeto, você perceberá também que precisa desenvolver aptidões adicionais e úteis.

Reinventando a roda

A menos que você goste de ter mais trabalho, qual o mérito em reinventar a roda? O modo mais eficiente e efetivo de concluir seus projetos é descobrindo o que já foi feito dentro desse padrão. Não importa no que esteja trabalhando, existe grande probabilidade de outras pessoas já terem trilhado um caminho semelhante. Haverá, para você e para a empresa, economia de tempo, dinheiro e esforços ao criar e executar seus trabalhos tendo como base os recursos existentes, já desenvolvidos por outros colegas. Isso pode inclusive inspirar novas formas e idéias para a abordagem de um problema.

Quando pedimos a você que se apresentasse a seus colegas de equipe e de trabalho, não foi apenas para criar um sentimento de aconchego e suavidade no ambiente. Talvez Fulano, Beltrano e Sicrano sejam pessoas interessantes – ou, talvez, não sejam necessariamente o tipo de gente com quem você passaria o fim de semana –, isso não importa muito nesse momento. É preciso apenas lembrar que eles provavelmente têm conhecimentos proveitosos para seu projeto e para a sua integração geral à empresa.

Não tenha receio de perguntar. Há um mundo de lições e ótimas doses de conhecimento a serem coletadas dos colegas de serviço e membros de sua equipe. Descubra, com eles, opiniões e visões de detalhes sutis aprendidas ao longo de sua carreira, ou dicas sobre como as coisas são feitas na empresa – como, por exemplo, alertas sobre aquelas "coisinhas" que podem irritar o assistente administrativo do vice-presidente que define os seus projetos. Esse tipo de conhecimento, além de outros de bastante importância, só vem com a experiência.

À medida que concluir cada uma de suas conversas, certifique-se de perguntar sempre: "Há alguém que você recomendaria e com quem eu poderia conversar a respeito disso?" Não importa a secura do poço de conhecimentos do seu contato inicial; talvez ele tenha conexões que fornecerão as informações necessárias a você.

Lavamos nossas mãos: não estamos pedindo para você plagiar. Siga os padrões, as marcas registradas e as leis de direito de propriedade. Além disso, dê o crédito para quem contribuiu com você. Agradeça em público às pessoas por seus conhecimentos e contribuições. Isso tem uma importância enorme, a menos que você queira queimar seu filme rapidamente. É melhor construir confiança e colaboração se quiser ter sucesso completo.

Desenvolva as próprias aptidões

Você precisa apresentar seu plano de projeto em algumas semanas, mas suas aptidões de apresentação estão enferrujadas? Anda imaginando se uma graduação em bioquímica seria genial para vender os produtos da empresa a cientistas?

Mesmo que toda a inteligência da sua família possa ter ficado só para você, é preciso começar a descobrir as áreas nas quais seria proveitoso adquirir aptidões e conhecimentos adicionais.

Sua prioridade imediata é definir, como parte de seus atuais projetos, o desenvolvimento a curto prazo de suas necessidades de conhecimentos. Com base em sua análise de lacuna da Semana 2, você precisa saber exatamente o que está lhe faltando: aptidões, informações, ou ambas. Identifique quais programas informativos estão disponíveis (dentro e fora da companhia) e verifique o quanto são oportunos; assim, você poderá obter as informações necessárias o mais breve possível. Faça alterações em planos de projetos já existentes com base em qualquer treinamento do qual você venha a precisar.

Para o desenvolvimento de aptidões a longo prazo, comece com uma lista dessas aptidões e conhecimentos que estão faltando. Consulte essa lista quando surgirem oportunidades para debater seus interesses sobre desenvolvimento de aptidões. Tais oportunidades podem ocorrer durante o exame de seu desempenho ou quando estiver nas reuniões periódicas com o gerente. Você estará preparado. Lembre-se: enquanto estiver desenvolvendo suas aptidões, estará se tornando mais valioso para a empresa.

4. Equipe

Como você deve ter começado a notar, boa parte dos cuidados com os negócios se faz erguendo alicerces bem-sucedidos para lidar com as pessoas em seu novo emprego – ou seja, construindo relacionamentos e comunicações efetivas. Nesta seção, descubra maneiras de reforçar os relacionamentos interdependentes, especificamente com seu gerente e com os membros de sua equipe.

Mantenha seu gerente sempre atualizado sobre seus passos. Conforme citado na seção sobre estabelecimento de objetivos, neste capítulo, podem ocorrer diversas modificações em nossos projetos, desde a mudança de extensão até a alteração do objetivo final. Assim, é importante você ter certeza de estar no caminho certo. Conforme identificar essas mudanças em seu projeto, mantenha seu gerente a par das atualizações que fizer.

Você também vai precisar estar em contato freqüente com os membros de sua equipe. Eles têm opiniões preciosas, tanto em relação ao conteúdo de seus projetos quanto aos processos pelos quais você concluirá o seu trabalho.

Como gerenciar o seu gerente

Então, você precisa gerenciar o seu gerente? De fato, isso é um dever. Embora soe forçado, há uma expectativa, nas entrelinhas, de que você esteja um passo adiante de seu gerente quando chegar a hora de trabalhar. Qualquer gerente tem como meta receber um relatório direto, escrito como se tivessem lido os pensamentos dele.

Eis alguns exemplos do significado de gerenciar o seu gerente: você tem de ser auto-suficiente, mesmo que ainda não tenha muita prática; deve antecipar cada necessidade dele, chegando às reuniões bem preparado – por exemplo, ter uma ordem do dia e itens essenciais que queira discutir numa reunião (invista de cinco a dez minutos nessa ordem do dia para manter tanto seu gerente quanto você centrados nos assuntos e no rumo certo). Por fim, gerenciar seu gerente significa que você fornecerá a ele as informações certas na hora certa. E uma parte fundamental disso é compreender as preferências dele em termos de atualizações e reuniões.

"Tem uma coisa que eu preciso contar a você"

Ninguém gosta de ser pego desprevenido. Nunca é divertido não enxergar algo prestes a acontecer. É como levar um fora da namorada, que fazia tempo vinha dando sinais de que iria abandoná-lo, sem que você percebesse isso. O mesmo vale para seu gerente. Ele precisa de informações essenciais, oportunas e freqüentes, a fim de fazer os ajustes e tomar as decisões conforme o necessário. As atualizações garantem que ele saiba o que está havendo de modo a ter uma resposta quando perguntarem pelo andamento de seu projeto.

Adquira o hábito de fornecer ao seu gerente atualizações de projetos que incluam os itens nos quais você está indo bem e também os desafios e dificuldades que possa estar enfrentando. Ao comunicar um desafio que esteja enfrentando, faça suas recomendações antes de pedir as sugestões dele. Isso demonstra que você está pensando antecipadamente e contribuindo para valorizar a equipe. Embora seu gerente possa ser uma pessoa muito ocupada, ainda assim é importante fornecer-lhe atualizações – por e-mail ou via secretária eletrônica –, mesmo que você não obtenha uma resposta direta a esses comunicados.

Evite o hábito de entrar em contato com seu gerente apenas quando existir uma pendência fora de seu controle. Caso faça isso, ele vai associar você com os problemas. Afinal, você não quer que ele chegue a conclusões menos desejáveis, como imaginar que você não é bom o bastante para o emprego. A fim de assegurar sua imagem positiva na cabeça dele, providencie periodicamente seus comunicados sobre a situação geral do projeto. Incluem-se aí o que está funcionando, o que não está, planos para enfrentar esses desafios e, se necessário, suas solicitações de auxílio.

Alimente essa imagem sobre o seu trabalho regularmente. Determine a melhor forma de passar as informações a seu gerente. Com base no que você entendeu e no que recomendamos quanto ao conteúdo de suas atualizações, defina o que é preciso comunicar e a melhor maneira de mostrar a seu gerente a situação de seus projetos nesta sua semana de trabalho.

Por que conhecer os membros de sua equipe?

Conforme mencionamos na seção de gerenciamento dos conhecimentos, os membros de sua equipe detêm informações valiosas para ajudá-lo a concluir um trabalho. Baseie-se nos conhecimentos deles para efetuar suas tarefas e evite as armadilhas pelas quais eles já passaram.

Na teoria fica lindo... Mas e se eles não quiserem compartilhar essas informações? Um dos desafios em ser o novato da equipe é que as pessoas podem enxergar você como uma ameaça ao cargo delas. Embora poucos se dêem conta disso, essa é a verdade. Pense em seu emprego anterior, quando apareceu algum funcionário novo. Você não ficou inquieto, preocupado com o fato de aquele indivíduo pudesse atrapalhar o equilíbrio suave da sua equipe? Especificamente falando, havia uma possibilidade de que o tal novato chamasse mais atenção do que você e os outros. Esse tipo de preocupação é natural.

Como você já sabe que pimenta também arde nos olhos dos outros, tenha a sensibilidade para enxergar como os membros de sua equipe podem estar se sentindo com relação a você. Em vez de anunciar grandes planos, com um entusiasmo e uma confiança sem precedentes, primeiro construa os relacionamentos, fazendo perguntas e aprendendo sobre as experiências deles e sobre o histórico da equipe.

Diminua toda espécie de preocupação que os membros de sua equipe possam ter a seu respeito. Quanto mais rápido você adquirir a confiança deles, melhor. Uma ótima forma de fazer isso é perguntando-lhes sobre as experiências deles. Mostra seu interesse em aprender. Apesar de sempre existirem uns e outros mais desconfiados e paranóicos, não leve isso para o nível pessoal. Ainda assim não há problema em perguntar, especialmente se você é novo.

5. Imagem

Alguma vez você deixou uma reunião com o sentimento de não ter entendido bem o que aconteceu? Você estava falando; os outros estavam falando... Você pensou que escutava. Só depois percebeu que não lembrava o que exatamente foi transmitido. Ao recapitular a situação, lembrou que as pessoas estavam falando umas sobre as outras; ninguém estava, realmente, ouvindo. Todas apenas aguardavam (ou não) a sua vez para expor suas opiniões.

A construção e a transmissão bem-sucedidas de sua imagem dependem de uma comunicação eficiente. Com base na Semana 2, nesta seção você moldará suas aptidões para ouvir e refinar sua capacidade de formular perguntas e declarar suas opiniões. Você também vai aprimorar sua etiqueta social ao telefone e via e-mail.

Dar e tomar

Pense na boa conversa mais recente que você teve. Especificamente, na mais recente e boa conversa sobre trabalho. Pode ter sido em uma reunião com funcionários ou a sós com um colega do serviço. É mais do que provável que, nessa conversa, seus pontos de vista e opiniões tenham sido levados a sério e, quem sabe, você aprendeu também alguma coisa com as pessoas. Um diálogo que pareceu equilibrado. Talvez os outros tenham saído com sensações semelhantes. O que tornou a conversa tão boa assim?

Na teoria, conversas são um intercâmbio de perguntas, opiniões e declarações de fatos. A arte da conversação eficaz é uma combinação da exibição fluente das opiniões de cada parte envolvida com a existência de uma curiosidade sincera expressa entre as pessoas. Com freqüência, isso não ocorre no ambiente de trabalho. A maioria das pessoas se encontra por demais ocupada para querer saber o que você pensa e simplesmente faz solicitações ou despeja sobre os outros as suas opiniões.

Esse método de comunicação costuma frustrar muito as pessoas. O resultado pode ser uma sensação de não estar sendo ouvido ou de que as informações não foram trocadas com clareza. Felizmente, você sempre pode controlar a forma como se envolve com os indivíduos e influenciar a maneira como eles se comunicam.

O objetivo de toda a conversação é transmitir informações. Certifique-se de que suas conversas tenham o máximo de eficiência possível. É seu trabalho assegurar que está pedindo as opiniões para os outros e afirmando a sua própria. Quando existe equilíbrio, você tem um fluxo maior de informações. Como sabemos, informação é poder. E diálogos eficientes abrem o fluxo para as informações.

Mas qual é, exatamente, a aptidão necessária para uma conversa eficiente? Trata-se do equilíbrio entre fazer perguntas e dar opiniões.

Conforme afirmamos antes na seção Equipe, por exemplo, sobre como gerenciar seu chefe, primeiro você vai querer dar a sua opinião e, em seguida, pedir as dele. O motivo para isso é o seu chefe esperar que você exponha suas recomendações e seus pensamentos acerca de como resolve uma pendência. Eis por que você foi trazido à empresa. Se ficar tímido na hora de dar uma opinião, busque superar esse obstáculo. Além do mais, se não der sua opinião, seu gerente e sua equipe poderão vê-lo como alguém aparentemente desinteressado ou, pior, inseguro. Assegure-se de estar projetando uma imagem de confiança e sucesso.

No caso de trabalhar com colegas, porém, é importante você começar pedindo-lhes suas opiniões, para depois afirmar a sua – é uma situação semelhante àquela em que você e outro indivíduo chegam diante de uma porta ao mesmo tempo: simplesmente é mais educado deixar a outra pessoa passar primeiro. No caso de colegas de serviço, você não quer melindrá-los nem parecer que está roubando a cena. Tenha em mente não estar pedindo opiniões só por educação. As informações coletadas podem mudar sua opinião ou redirecionar suas dúvidas iniciais.

No caso de existirem pessoas que se reportem diretamente a você, certifique-se de que elas lhe dêem primeiro suas opiniões antes de você manifestar a sua própria visão da situação. Por causa da dinâmica do poder (ou seja, nesse caso você é a figura de autoridade), é melhor que esses indivíduos dêem suas opiniões abertamente sem você intimidá-los com as suas. É importante obedecer a esses princípios caso deseje dominar a arte da conversação eficaz e criar uma imagem sólida dentro da empresa.

Possivelmente, você vai envolver-se em conversas com pessoas de atitudes comunicativas um tanto limitadas. Talvez tenha um gerente que só saiba dar ordens, ou um colega de serviço que fala sem parar e não chega a nenhuma conclusão. Não importa a situação, você tem como objetivo sempre ser profissional e trocar informações suficientes para o seu próprio êxito. Em situações mais complicadas, faça perguntas para sondar os pensamentos do outro, de modo a deixar tudo às claras. Assim que obtiver informações suficientes, abandone essa situação o mais breve possível.

Se necessário, verifique seu grau de sensatez nas conversações pedindo a opinião de um colega, ou mesmo de alguém de fora da companhia – mas que seja, de preferência, uma pessoa de sua confiança.

Faça pedidos com clareza

Lembra-se de quando você deu indiretas, esperando ganhar um relógio de aniversário e, em vez disso, ganhou uma carteira? Não tendo conseguido o que queria, jogou a carteira no fundo do armário para nunca mais ter de vê-la. Sim, há ocasiões na vida em que suas insinuações não são entendidas. No trabalho, você não pode deixar isso acontecer. Não pode ficar confiando sempre em indicações sutis. Para comunicar claramente quem você é e do que precisa para seu sucesso, são necessárias clareza e segurança.

O objetivo de fazer solicitações claras é garantir que você esteja transmitindo as suas necessidades, de modo eficiente, às pessoas à sua volta. Clareza e objetividade talvez não seja a aptidão de comunicação mais fácil de desenvolver. Muitos procuram evitar possíveis discussões, ou talvez não se sintam à vontade para pedir algo aos outros. Mas é preciso lembrar que um pedido claro e eficiente é educado e significativo e transmite seus pormenores, assim como esclarece sobre os motivos dessa solicitação.

Fazer solicitações de maneira efetiva exige um certo equilíbrio entre a humildade e a ousadia. Para quem evita pedir ajuda, ou nunca aprendeu a fazer isso, é hora de aprender. Você tem de superar essa dificuldade se quiser ter êxito em seu local de trabalho. Por outro lado, se você é daqueles que não têm receio de pedir, e talvez seja mesmo um tanto exigente demais, vá com calma quando fizer suas solicitações ou perguntas.

Ao fazer uma solicitação, tenha sempre em mente os pontos a seguir, de modo a ser o mais claro e direto possível:

Quem – Para quem você faz a solicitação? Nas reuniões com a equipe, você lança um pedido, todos acham uma ótima idéia, mas ninguém a compra.

- *Solicitação fraca:* "E se a gente pedisse informações adicionais ao cliente?"
- *Solicitação enfática:* "Fulano, dá para você pedir informações adicionais ao cliente?"

O quê – Exatamente o que você está pedindo? Faça os pedidos de maneira clara. Você está sendo o mais específico possível?

- *Solicitação fraca:* "Fulano, dá para você pedir informações adicionais ao cliente?"
- *Solicitação enfática:* "Fulano, você poderia pegar as receitas bruta e líquida dos últimos cinco anos do nosso cliente?"

Quando – Exatamente quando você precisa da informação? Talvez você pense que a situação seja urgente e a outra pessoa não tenha a menor idéia de que você está à espera dos dados. Seja transparente quanto ao prazo. Isso é de grande ajuda para os outros.

- *Solicitação fraca:* "Fulano, você poderia pegar as receitas bruta e líquida dos últimos cinco anos do nosso cliente?"
- *Solicitação enfática:* "Fulano, você poderia pegar as receitas bruta e líquida dos últimos cinco anos do nosso cliente até terça-feira?"

Quando você exprime suas solicitações com clareza, aumenta a probabilidade de obter as informações desejadas, no momento em que precisar delas. O trabalho é concluído graças a uma série de solicitações. Alguém de cima – por exemplo, o presidente da companhia – solicita a um de seus vice-presidentes a execução de uma idéia. O vice-presidente, então, pede a seus gerentes que reúnam uma equipe para iniciar o projeto. Os gerentes, por sua vez, voltam-se para suas equipes e pedem que elas executem o trabalho. Conforme os pedidos são feitos, o trabalho produzido aumenta. Lembre-se: você vai fazer pedidos para dar início ao trabalho (ou seja, solicitar uma reunião para colher mais informações), e também vai precisar ser claro e direto em suas solicitações.

Etiqueta ao telefone, ou via e-mail

Durante as duas semanas passadas, falamos sobre maneiras de se apresentar no trabalho por meio da linguagem verbal (isto é, fazendo perguntas e expondo sua opinião) e não-verbal (ou seja, códigos de vestimenta e de expressão corporal).

Vale a pena notar que as comunicações através de e-mail e de telefone estão em cenários diferentes, e por isso nem sempre se podem aplicar as mesmas aptidões aprendidas até agora.

No mercado de trabalho atual, a maior parte das comunicações ocorre no espaço virtual, seja ao telefone, seja por e-mail. Apesar de a comunicação virtual acelerar o processo de transmissão de informações, existem também algumas armadilhas potenciais nesses casos.

Conheça algumas dicas e sugestões de boas maneiras para você ter certeza de ser profissional e gentil quando fala ao telefone:

Não atenda a chamada se não puder falar – Deixe a secretária eletrônica agir. Entenda que, se o telefonema cair na secretária eletrônica ou na caixa postal, significa que você não está disponível nem se encontra em sua mesa. É a função da secretária eletrônica.

Não fale alto – Esteja você num ambiente aberto, num escritório ou em seu celular, existe uma probabilidade menor de ser ouvido se falar em voz baixa. Além disso, ninguém considera a sua conversa tão importante a ponto de precisar ser transmitida para todos que estejam a mais de seis metros de distância de você.

Deixe recados breves e claros na secretária eletrônica – Dois minutos é tempo demais para ficar ouvindo. E recados enigmáticos como "Sou eu, me liga" não dão as informações adequadas à outra pessoa nem favorecem as chances de que ela retorne a ligação. Apresente-se, diga o motivo do telefonema e onde pode ser encontrado. E, principalmente, seja breve.

Retorne em 24 horas – Quando alguém deixa uma mensagem na secretária eletrônica, telefone de volta, ou mande um e-mail como resposta, dentro do prazo máximo de 24 horas, mesmo se for para dizer que voltará ao assunto posteriormente.

Ao utilizar o e-mail e colocar nele sua confiança, é importante que a sua "netiqueta" – ou seja, a etiqueta social para relacionamentos via internet – esteja num bom nível. Com relação ao e-mail, presume-se que você disponha de tempo para pensar em sua resposta antes de apertar imediatamente o botão "Enviar". Além do mais, por se tratar de comunicação por escrito, serve como documento de uma conversa. Em várias ocasiões, pode funcionar a seu favor como futura referência e posterior leitura. Em outras, pode se tornar uma enorme fonte de constrangimentos se for transmitida para os colegas de serviço.

Ao esboçar um e-mail, verifique duas vezes a gramática e a ortografia. A maior parte dos sistemas de e-mail possui um programa que faz esse tipo de verificação. Use-o. Leia sua mensagem pelo menos duas vezes, se estiver com pressa, e use um padrão de três vezes para garantir que detectou e corrigiu todos os erros antes de enviá-la. Leia tudo lentamente e em voz alta caso tenha a tendência de cometer muitos erros.

Espere até se acalmar antes de mandar mensagens "malcriadas", porque elas voltarão para assombrá-lo. A raiva ficará evidente no tom de seu e-mail. Nunca use todas as letras maiúsculas, pois isso torna a leitura incômoda. Também indica que você está zangado e descontrolado. Não é uma atitude adequada num ambiente profissional. Na dúvida, peça a um colega de confiança que leia e dê o ponto de vista dele sobre o tom do seu e-mail a fim de evitar o uso de palavras ásperas ou inadequadas.

Não envie e-mails desnecessários à noite, fora do horário de expediente. Muitos funcionários de empresas têm recebido com regularidade e-mails do tipo "olha só como eu estou trabalhando até tarde". Exceto em casos relacionados a um projeto ou prazo de entrega, isso geralmente não impressiona positivamente. A menos que você trabalhe num horário alternativo, demonstra, quando muito, que o funcionário não sabe administrar seu tempo e está precisando de uma vida fora do emprego. Pode até dar a idéia de que você está se tornando uma pessoa ocupada, mas levanta uma dúvida: o que você faz de dia, quando deveria estar trabalhando?

Retorne em 24 horas. Assim como no caso da secretária eletrônica, é importante dar um retorno às pessoas em um prazo de 24 horas com uma previsão de solução, caso não possa concluir naquele momento os pedidos feitos. Esse processo também garante que você não atrase seus e-mails. É fácil ir de cem mensagens por dia a quinhentas até o final da semana se você não se mantiver atualizado com sua caixa postal.

Essas são dicas simples e fáceis, que ampliam sua eficiência e seu profissionalismo no trabalho. A forma como você se comunica com os outros define o modo como é visto. Não há nada mais importante do que assegurar que o assunto e a maneira como você o comunica sustentam, forçosamente, a imagem que quer projetar.

Junte tudo

A melhor forma de aprender a fazer é fazendo. Empenhe-se e siga fazendo seus projetos. Obtenha os recursos necessários e conheça pessoas que possam ajudá-lo. Durante a execução do trabalho, peça informações a seus colegas de serviço e utilize a oportunidade para construir a confiança mútua e treinar suas aptidões de comunicação.

A seguir, o seu guia para a agenda da semana. Avalie o que precisará fazer na Semana 3 a fim de garantir que estará se empenhando em executar seus projetos e se ajustar na busca do sucesso. Ao terminar a semana, e antes que você esteja pronto para o tão merecido fim de semana, empregue alguns instantes para recordar os dias passados. O que deu certo? O que você aprendeu? No que quer trabalhar ou deseja realizar na próxima semana?

Parabéns pelo seu aproveitamento ao término de sua terceira semana de trabalho!

Guia para a sua agenda da Semana 3

(Utilize este guia para montar a sua agenda e usá-la na sua terceira semana de trabalho.)

Para agendar a semana de __/__/____ a __/__/____

Objetivo geral: continuar seus projetos

Aptidões Nadar ou Afundar	Ações desejáveis
1. Objetivos Esclarecer suas tarefas.	Rastrear meus marcos para garantir que estou progredindo. Anotar quando tiver perguntas e dúvidas. Marcar uma reunião com meu gerente para debater meu progresso, minhas perguntas e recomendações para soluções.
2. Tempo Identificar o tempo que corresponde a cada parte de suas tarefas.	Anotar na agenda todos os meus prazos e marcos. Criar e utilizar minha lista diária de tarefas.
3. Conhecimento Determinar quais os recursos necessários e onde obtê-los.	Identificar as áreas em que preciso desenvolver aptidões adicionais imediatamente e ao longo do tempo.
4. Equipe Deixar claras as expectativas de seu gerente e de sua equipe quanto a você.	Fazer solicitações claras para manter meu trabalho em andamento. Agendar reuniões com membros de minha equipe para consultar as experiências e os conselhos deles.
5. Imagem Ponderar sobre suas perguntas, fornecer respostas e opiniões e fazer solicitações precisas.	Encontrar o equilíbrio entre fazer boas perguntas e dar minhas opiniões. Verificar minha "netiqueta". Retornar as chamadas e mensagens em tempo. Deixar mensagens claras e breves na secretária eletrônica. Ler e reler meus e-mails a fim de evitar erros gramaticais e garantir a clareza das mensagens.

Semana 4

Aprofunde-se

"Rapaz, estou feliz por ter tido aquela reunião com meu gerente na semana passada. Ele me ajudou mesmo a identificar as pessoas com quem preciso falar, para que meus projetos caminhem. Sinto-me bem em começar a fazer o trabalho para o qual me contrataram. Fui interrompido uma porção de vezes, na semana passada, por causa de pequenos detalhes. Espero de fato progredir mais nesta semana e, em especial, conhecer as pessoas que meu chefe mencionou. Sorte eu ter conseguido me encaixar nas agendas delas nesta semana."

Já está nadando? Neste momento, você está progredindo em seu novo ambiente de trabalho. Em sua quarta semana, você deverá utilizar o que já aprendeu e seguir adiante, aprofundando-se em suas metas. Você já está no emprego há quase um mês e vem desempenhando o trabalho para o qual o contrataram. Antes de ficar empolgado, porém, continue obtendo novas informações, mantenha o ritmo e faça ajustes para continuar no caminho rumo ao sucesso.

Semana 4	Objetivo geral: manter-se no caminho certo com seu plano
Aptidões Nadar ou Afundar	**Atividades**
1. Objetivos	Progredir em seu trabalho.
2. Tempo	Planejar-se para as interrupções em sua semana de trabalho.
3. Conhecimento	Utilizar recursos relevantes sobre conhecimentos.
4. Equipe	Começar a partilhar seus recursos com a equipe.
5. Imagem	Desenvolver a afinidade e a confiança.

1. Objetivos

Surpresa! "Querem mesmo que eu cuide das coisas por aqui." Sim. Diferentemente do seu antigo emprego, no qual talvez lhe pagassem um bom dinheiro para praticar a arte de se esconder, fingir estar ocupado e ter três horas de almoço, nessa empresa existem planos para você. Por isso, atinja as expectativas dela e cause uma ótima impressão em suas doze primeiras semanas e mais além. Mantenha o impulso e a energia!

À medida que se aprofunda em seus projetos, você talvez perceba que os planos inicialmente esboçados podem precisar de modificações por causa das novas informações, mudanças nos objetivos da equipe ou de outras influências. Na quarta semana, você continuará se mantendo no fluxo de seu trabalho e, ao mesmo tempo, reexaminará seus projetos, certificando-se de estar no caminho certo. A gerência bem-sucedida de projetos consiste na combinação de planejamento, implementação e revisões contínuas em seus planos, para garantir que não esteja saindo da rota desejada.

Um homem com um plano

Você não quer cair na armadilha do excesso de planejamento. No meio da coleção de personagens de escritório, fique atento a alguém a quem chamaremos de "Planejador". Todas as vezes que ele entra na sala, todos reviram os olhos porque já sabem o que o Planejador dirá:

– Ainda não comecei; ainda estou planejando os detalhes.

Por mais importante que seja um bom planejamento, as ações valem mais que as palavras. Por isso, nessa semana, se você ainda não o fez, entre em ação. É irônico, mas só quando um projeto está bem adiantado é que você nota que seu plano pode precisar de alterações. É a vida! As mudanças são esperadas e bem-vindas. Ainda bem que você está pronto para adaptar seu trabalho às novas exigências, pois seus olhos se encontram abertos às novas informações, esperando que as mudanças ocorram. Seja sempre flexível, adaptável e dinâmico.

Verifique seus marcos

O planejador de projetos eficaz sempre se assegura de estar no rumo certo ao examinar seus marcos periodicamente. Agora que você começou a trabalhar em seus projetos, empregue um pouquinho do seu tempo para garantir que os marcos planejados ainda o estão conduzindo para o sucesso.

Ao avançar em direção às suas metas, talvez você perceba que existe uma complexidade somada a elas ou, caso tenha sorte, uma simplicidade maior nas etapas exigidas à conclusão de um projeto. Observe atentamente seus marcos para ver se é preciso acrescentar mais detalhes, ou mesmo transformar vários marcos em um ou dois. Certifique-se também de que os recursos necessários à realização de cada marco são os mesmos. Marcos novos talvez exijam recursos novos ou adicionais. Inclua em seu plano todos os recursos adicionais exigidos, bem como as etapas para obtê-los.

O pânico da extensão

Procure lembrar-se agora de como foi a última vez em que você mudou de casa. Antes de começar a embrulhar suas coisas e chamar um caminhão, não parecia haver tantos objetos acumulados. Você calculou que levaria, ao todo, seis horas para fazer a mudança. Então o dia da mudança chegou, os encarregados já estavam em sua casa às 8 horas da manhã e não foram embora até as 7h30 da noite. O excesso de tempo foi cobrado. Caixas e móveis teimavam em surgir "do nada".

Bom, seus projetos não diferem disso. Com freqüência, você vai se encontrar no meio de um em que imaginava ter tudo nitidamente definido – destino, metas e formas de medir seu êxito –, para perceber apenas agora que se encontra à deriva, em um mar de ambigüidades. Isso é o que chamamos de "pânico da extensão".

Talvez tudo parecesse cristalino poucos dias antes, mas agora você sente enjôos porque o projeto sofreu modificações. Essas mudanças podem ser sutis e sorrateiras ou grandes e audaciosas.

Os sintomas do "pânico da extensão" provêm de objetivos que gradualmente se vão tornando vagos e metas adicionais que não têm nada a ver com o resultado inicial desejado do projeto.

A fim de evitar o "pânico da extensão", faça o seguinte:

1. Certifique-se de ter definido claramente os objetivos de seu projeto.
2. Quando você tiver aquela sensação de que algo ruim anda acontecendo, como seu projeto estar saindo do rumo ou seus colegas de serviço virem adicionando tarefas demais ao projeto, comunique a todos as suas observações de que o objetivo original aparentemente está se perdendo.
3. Efetue renegociações de prazos e outros itens ao perceber que a extensão de seu projeto está sofrendo alterações.

Uma causa adicional do "pânico da extensão" acontece quando são acrescentados outros projetos aos seus. Esses apêndices são, em geral, iniciativas órfãs que foram abandonadas, nunca chegaram a se realizar ou jamais foram formalmente encerradas. Mesmo que tais iniciativas sejam adoráveis, podem se tornar parasitas incômodos assim que se fixarem em seus projetos. Mantenha os olhos abertos e seja objetivo quanto às suas metas. Saber do que seu projeto necessita vai ajudá-lo a distinguir entre acréscimos válidos e iniciativas órfãs que apenas estão à procura de um lar.

O mesmo alvo?

Os objetivos do seu projeto, em geral, apresentam potencial para se tornar alvos móveis. Assim como o "pânico da extensão" se refere à mudança do tamanho de um projeto, os alvos móveis são problemas relativos a mudanças no destino de seus projetos. Tratando-se de alvos móveis, muitas vezes um objetivo muda sem que você perceba.

Se achar que seu alvo começou a se mover, observe o plano geral esboçado. Confirme com os membros de sua equipe, ou com seu gerente, se o objetivo final continua o mesmo. Os instrumentos mais valiosos que podem existir nessas situações são suas observações cuidadosas e a iniciativa de se manifestar, de soar o alarme quando sentir as mudanças. Assim como o "pânico da extensão", se o seu destino tiver se modificado, volte às negociações e reveja com os envolvidos os prazos finais para seu projeto e o que se espera cumprir nessas novas condições.

Certifique-se de estar expressando e testando suas observações. Embora isso possa dar a impressão de que você parece o ponto fraco do sistema e talvez esteja desafiando os outros, ou o próprio sistema, é a sua responsabilidade que está em jogo.

Não estamos sugerindo que você fique andando de um lado para o outro protestando, aos berros, por causa da mudança que aconteceu, apontando o dedo ao primeiro que encontrar, para culpá-lo. Em vez disso, faça comentários educados, em tom curioso e civilizado, de que você esperava obter X, mas agora parece que desejam Y. Então, pergunte: "A minha avaliação está correta ou está faltando algo?". E afirme, em caso de confirmação de suas suspeitas: "Então, será necessário revermos as prioridades de alguns itens nas nossas listas de projetos de modo a encaixar essas mudanças; ou até mesmo renegociarmos o prazo de entrega".

Sim, quem sabe você fique irritado só ao pensar em refazer seu gráfico de barras, e quem sabe ainda sua frustração talvez não diminua usando discursos e indagações cordiais. Contudo, não há muito que fazer além de superar esse obstáculo, dar uma volta no quarteirão para aliviar a tensão e seguir em frente. A mudança é algo natural no ambiente de trabalho.

2. Tempo

Conforme avança em sua quarta semana no emprego e se aprofunda em seu trabalho, você descobre que há uma infinidade de motivos de distrações que lhe roubam a atenção. Manter seus projetos no rumo certo e atender às exigências diárias vai obrigá-lo a equilibrar, de modo eficiente, seus planos e o potencial do ambiente em gerar situações inesperadas. Atingir esse equilíbrio exigirá que você examine como está desenvolvendo suas aptidões de gerenciamento de tempo. Considere, especificamente, se seus planejamentos diário e semanal levam em conta as distrações potenciais.

No lugar certo, na hora certa

Tempo para auto-reflexão! Nada de revirar os olhos. Seja honesto consigo mesmo: o que você percebeu, durante a década passada e, mais especificamente, nas várias semanas mais recentes, que com o seu gerenciamento de tempo? Você o está gerenciando de maneira eficiente? Sente-se estressado a cada manhã, conforme definha em meio ao congestionamento quilométrico, torcendo para ninguém em seu escritório perceber que você se atrasou para a reunião com os funcionários, marcada para as 9 horas? Será que já não é hora de quebrar esse círculo vicioso e desgastante?

Nessa semana, examine suas aptidões de gerenciamento de tempo a fim de ter certeza de que chegará na hora para seus compromissos. Na verdade, experimente algo melhor ainda: chegue a seu destino com cinco minutos de antecedência. Imagine as vantagens de aparecer cinco minutos antes de cada reunião. Você terá mais tempo para se ambientar. Ficará menos estressado. Também ganhará uns poucos momentos de tranqüilidade para pensar em sua tarefa seguinte, organizar sua lista de tarefas, efetuar anotações rápidas ou mandar e-mails (se estiver com seu *laptop*). Pense nisto: você pode, inclusive, economizar tempo chegando cedo ao trabalho.

Vamos recordar as três semanas passadas. Você chegou adiantado aos seus compromissos, na hora ou atrasado? Como quer que sua relação com o tempo seja, à medida que vai caminhando nas próximas nove semanas? E depois delas? Em que horários quer chegar ao trabalho e às reuniões? A que horas quer estar em casa? Até que ponto você quer que seus prazos sejam apertados?

Alguns talvez gostem da protelação e do conseqüente fluxo de adrenalina que isso provoca. Embora você possa achar essa situação estimulante, certifique-se de não causar impactos negativos em outras pessoas nem dar a impressão de estar ficando muito estressado. Cuidado com a reputação que desenvolve. Se descobrirem que você gosta de deixar tudo para a última hora, as pessoas podem ser menos generosas com o seu tempo, em compromissos futuros, ou menos tolerantes com seus eventuais atrasos nos prazos de entrega.

Os inflexíveis

Apesar da provável abundância de gente que gosta de protelar em ambientes de trabalho, existe ainda um outro tipo de pessoa: os inflexíveis. Como o próprio nome diz, são indivíduos que ficam ansiosos ante a visão de quaisquer mudanças em sua agenda.

Isso lhe soa familiar? Então, é hora de receber um pouco de amor e de rigor ao mesmo tempo: passe por cima dessa sua inflexibilidade! Você não tem tanta importância assim no esquema corporativo. Mudanças ocorrem todo o tempo, e isso não tem nada a ver com você em particular.

O segredo do sucesso em qualquer empresa baseia-se na sua habilidade de ter jogo de cintura diante das mudanças. Provavelmente elas vão influenciar sua vida, sua agenda, seus objetivos, seus marcos, seus prazos e sua lista de tarefas. Mudanças nem sempre são divertidas e podem apanhá-lo de surpresa. Mas só se vive uma vez, e o aumento de adrenalina de vez em quando é bom para mantê-lo alerta.

Mudanças demais, entretanto, talvez sejam opressivas e levem à estafa. Por isso, a compreensão de como elas funcionam, como você reage a elas e como as administra pode ajudá-lo a uma convivência pacífica e até a tornar-se um defensor das mudanças.

Enquanto divaga sobre seu nível de adaptação às mudanças de maior ou menor grau que aconteceram em sua vida pessoal e profissional, pense no seguinte:

- Qual é a sua reação típica às mudanças? Defensiva, irritada, entusiasmada ou otimista?
- Existem determinados tipos de mudança que o incomodam de modo especial?
- Levando em conta a sua percepção com relação à forma como você lida com as mudanças, o que se compromete a fazer de modo diferente em seu emprego novo?
- Como você fará para lembrar-se de manter suas reações produtivas em situações de mudanças – e sua conseqüente tendência à irritação – iminentes?

Ainda vai levar algum tempo até que sua capacidade de gerenciar sua reação às mudanças o ajude a ter êxito em seu emprego. Quando puder prever, gerenciar e evoluir com eficiência, mesmo em meio às mudanças, você estará mais bem preparado para avançar na direção correta na empresa e se tornar um líder.

Faça planos para as rupturas

Encontramos distrações em todos os lugares; depende de você distinguir quais, quando e como elas desviam seu foco de sua agenda bem elaborada. Pode ser complicado evitar o estímulo dado à curiosidade e às posteriores perguntas se você ouvir a notícia de que o vice-presidente da fábrica se meteu numa confusão infeliz com um leão da montanha. Entretanto, talvez você precise impor a si mesmo um pouco de disciplina, caso se distraia. Deixando de lado as tradicionais distrações sociais, biológicas e tecnológicas, você descobrirá também que assuntos referentes ao trabalho – e que não foram previstos no seu cronograma – podem roubar a sua atenção. Um gerenciador de tempo eficiente consegue adaptar-se a isso com rapidez.

Em primeiro lugar, reconheça se aquela situação que surgiu de repente é, de fato, uma preocupação prioritária. Segundo, identifique um rumo para a sua ação, caso precise incluir essas novas providências no seu cronograma. Não interessa a prioridade dessa nova atividade, informe a quem de direito como você agirá. Eis uma pista para avaliar a relevância dessa nova tarefa: surpresas de alta prioridade, em geral, envolvem um pedido de seu gerente para que você examine e atualize um relatório importante antes de começar o expediente do dia seguinte.

Deixe um espaço em seu planejamento para as rupturas e interrupções. Parece forçado? É forçado. Como você pode planejar com base em algo que não aconteceu? Levando em conta a natureza humana e a forma como se concluem os trabalhos, não estranhe se você e seu colega de serviço esbarrarem no seguinte: gente que deixa para a última hora, que esquece das coisas porque não monta uma lista de tarefas organizada ou que tem um azar dos diabos com tragédias imprevisíveis que ocorrem em sua vida.

Essas questões não o afetarão se você tiver previsto tais distrações no seu cronograma, certificando-se de ter bastante tempo disponível para fazer seu trabalho. Você terá criado estrategicamente um espaço em sua agenda, de modo que, quando o imprevisto aparecer em seu mundo, você conseguirá acomodá-lo.

3. Conhecimento

É hora de extrair de seus colegas de serviço um pouco de conhecimento. Antes, porém, de começar a coletar experiências, é bom entender alguns aspectos da dinâmica social para perguntar às pessoas sobre seus conhecimentos.

Compartilhar informações é como compartilhar qualquer objeto de valor. Há quem se recuse a ajudar, mesmo sem saber o que será feito das informações fornecidas – "Imagine se vou abrir mão dos segredos que me ajudam a fazer meu trabalho melhor do que o de qualquer um!". E eis a surpresa: é o que muitos pensam estar fazendo quando lhes é pedido para partilhar suas aptidões. A fim de obter as informações necessárias de modo eficaz, tenha antes de tudo a sensibilidade de enxergar os receios do seu colega de trabalho e de estabelecer uma relação de confiança entre vocês.

Permutas

Foram necessárias inúmeras tentativas até conseguir entrar na agenda do colega. Enfim, você encontrou uma brecha. E agora? O que vão debater? O que você pode oferecer em troca do tempo e das opiniões dele?

A partilha de conhecimentos é um interessante fenômeno social de dar e receber. À medida que você se envolve com as pessoas, elas devem sentir que recebem tanto quanto dão. O que você dá em troca do que ganha depende do contexto da conversa e do relacionamento no trabalho. Quem sabe um reconhecimento pelo que a pessoa estiver fornecendo baste. Você é quem julga e pode, ao menos, oferecer sua ajuda, caso haja algo que possa fazer para auxiliá-la no futuro.

Algumas dicas a mais para valorizar a permuta de conhecimentos e informações entre você e seus colegas:

- Aja de maneira agradecida, nunca arrogante; a pessoa lhe fez um favor.
- Dê-lhe o crédito devido: não esqueça de mencioná-la pela ajuda prestada.
- Deixe que seu gerente e seus colegas saibam que a pessoa o ajudou.

Obtenha o prêmio

Não importa se uma pessoa se revela rica ou pobre como fonte de conhecimentos; importa que você está tendo uma conversa com ela. Não vá embora de mãos vazias. Lembre-se sempre de pedir sugestões sobre onde encontrar recursos extras. As pessoas não pensam automaticamente em dizer-lhe que há uma matéria fantástica a respeito do assunto ou que Fulano participou de um projeto semelhante quatro anos atrás. A menos que você pergunte, é bem possível que não obtenha essas informações.

Na vida profissional, o prêmio maior vem de não aceitar um "não" como resposta definitiva quando se está levantando informações. Por isso, faça sempre três perguntas, de maneiras diferentes: com quem mais posso falar? Onde mais posso obter informações adicionais? O que mais posso saber que me será útil?

4. Equipe

Na qualidade de profissionais que equilibraram a importância de uma equipe eficiente com o gerenciamento da raiva, oferecemos a seguinte dica: leve em conta o desenvolvimento de suas aptidões sociais como uma competência estratégica. Quanto melhores as suas aptidões sociais, maior o seu êxito. Porque, goste ou não, sua equipe agora faz parte de sua vida profissional. Quanto melhor você puder trabalhar com ela, e causar boa impressão, mais fáceis serão a sua convivência e a sua ascensão na empresa.

Abra sua mente, não se irrite com pouco e sorria. Haverá ocasiões em que será preciso engolir pílulas amargas. Tudo bem! Faz parte do jogo. E, conforme você sorri e respira fundo, lembre-se de que seus colegas de serviço vão, muito provavelmente, fornecer a seu chefe informações para o seu exame anual de desempenho. Mantenha a bola nos seus pés, deixando sempre uma boa impressão a seu respeito.

Enquanto você conversa com os membros de sua equipe e colegas de serviço durante a semana, concentre-se em suas aptidões de equipe. Cada interação é uma oportunidade de demonstrar que você é a personificação da filosofia do trabalho em equipe, mesmo sendo daquelas pessoas extremamente tímidas que não desejam nada além de ficar na paz e no sossego de um tanque de isolamento, mais conhecido como sua mesa de trabalho.

Faça o primeiro movimento

Conforme você reunir informações preciosas com seus colegas, dê em troca, para a sua equipe, o seu espírito de colaboração. Você deve estar perguntando: "Mas o que eu tenho para dar? Sou o novato da firma!".

Você tem muito com que contribuir! Deve conhecer algo sobre algo, certo? Que tal aquilo que aprendeu nas conversas durante as últimas três semanas? Excetuando as informações confidenciais, decerto existem observações valiosas sobre seu novo ambiente de trabalho que podem ser partilhadas com a equipe. Além do mais, você possui experiência profissional e uma formação interessante. Lembre-se de que foi contratado por causa de sua experiência, suas observações e sua capacidade de dar seus esforços e colaboração como retorno à companhia.

Conforme se concentra em se tornar um membro de equipe e, posteriormente, desenvolver suas aptidões de colaboração, tome a iniciativa de partilhar seus conhecimentos. Não espere que lhe peçam. A fim de incentivar a iniciativa do comportamento de colaboração, comece por você mesmo.

Mostre as cartas

Para construir depressa os relacionamentos com os membros de sua equipe e colegas de serviço, é necessário estabelecer uma relação de confiança. Para ganhar a confiança das pessoas, você deve mostrar-lhes algo sobre você e fornecer-lhes um vislumbre de seus valores. Mas vá com calma. Detenha-se antes de escancarar a seus colegas informações mais íntimas. Não estamos pedindo que você revele traumas de infância nem aquele episódio, na terceira série do ensino fundamental, em que Roberta, a valentona da classe, roubou o dinheiro do seu lanche – é informação demais.

Para ganhar a confiança dos colegas, forneça dados básicos sobre seu caráter, seus valores e sua formação. Pode incluir informações sobre onde cresceu, o tamanho da sua família ou como acha importante dar sua contribuição à equipe. Compartilhe informações que dêem um vislumbre sobre quem você é e no que acredita.

"E se não quiserem saber de nada disso?" Boa pergunta. Alguns de seus colegas talvez não reajam bem às oportunidades de entrosamento que você esteja oferecendo. Cada pessoa e cada relacionamento apresentam diferenças. Há quem tenha a necessidade e goste de jogar conversa fora falando sobre suas experiências anteriores, onde mora e assim por diante. Outros preferirão se ater ao trabalho. Comece "examinando a temperatura da água" – procure perceber, de início, com que tipo de pessoa você está lidando.

Haverá oportunidades para ganhar confiança e criar relacionamentos de todos os tipos, com pessoas que valorizam as relações pessoais e até com aquelas que mantêm relacionamentos estritamente profissionais.

Tubarões... Deus do céu!

Esperamos que todos os seus colegas de serviço sejam generosos e tenham somente boas intenções. Entretanto, talvez nem todos em seu novo local de trabalho estejam prontos a dar-lhe uma mãozinha.

Se julgar que está nadando em águas infestadas de tubarões, existem atitudes que você pode tomar para valorizar sua opinião e, se necessário, evitar as dentadas.

Primeiramente, não conclua antecipadamente que os colegas de serviço são predadores. Pegue um desvio para os lados do otimismo e da sinceridade. Ao manter a mente aberta e partilhando informações, você cria abertura para conversas com seus colegas de serviço de modo a melhor compreender as intenções deles.

Existem tipos diferentes de predadores com os quais se deve tomar cuidado: do valentão típico ao raro e às vezes mortífero colega que sorri na sua frente e o apunhala pelas costas. Dependendo do tipo de tubarão, você tem poucas escolhas: mantê-los por perto, ignorá-los ou simplesmente aturá-los. Ao manter seus predadores próximos, mostre suas cartas, demonstre curiosidade e faça perguntas a fim de perceber suas preocupações. Se, depois de várias tentativas, eles não se abrirem com você, parta para a opção seguinte: ignore-os. Caso você se encontre numa situação que não permita essa atitude, siga em frente, continue sendo profissional e procure formas para construir seus relacionamentos.

Como partilhar recursos

Em suas conversas, a forma como você apresenta as informações é importante. Não ofereça recursos aleatórios só porque quer contribuir. Pense antes. Essas informações necessitam de relevância para ser percebidas como valiosas. Depois de ter feito sua oferta, observe a reação dos membros de sua equipe. Eles fazem perguntas ou demonstram interesse? Você vai querer que essa seja uma conversa de mão dupla. Se você oferecer algo e a resposta for "Isso é legal", não desanime. A tentativa sempre vale a pena.

Ao final do diálogo, pergunte, explicitamente, se as informações foram proveitosas. Você precisa se abrir para a opinião de seus colegas sobre o que falou. É a melhor maneira de entender quais recursos servirão de ajuda para eles. Isso permite às pessoas saberem que você quer compartilhar informações e ouvir as necessidades dos outros. Eis algumas diretrizes para compartilhar o que você sabe:

1. ***Seja oportuno*** – A informação precisa chegar na hora certa. Se partilhar a mesma informação duas semanas depois do ocorrido, a importância e o valor do que você estiver oferecendo podem ter diminuído.
2. ***Seja relevante*** – A informação deve ser relevante aos outros e ao trabalho efetuado no momento.
3. ***Peça permissão*** – Você deve pedir às pessoas permissão para partilhar. Talvez estejam no meio de alguma outra tarefa e a situação não seja das melhores. Dê aos membros de sua equipe a oportunidade de dizer sim ou não. Estarão, assim, muito mais abertos a receber informações suas, quando tiverem essa opção.
4. ***Escolha o palco*** – A forma como você partilha as informações é importante. Ao vivo, por telefone, ou via e-mail? Dependendo do tipo de informação, você vai querer considerar o método mais adequado.
5. ***Honre os segredos*** – Não partilhe informações que violem os segredos de seus colegas ou da empresa. Se tiver de compartilhar informações confidenciais como parte de seu trabalho, certifique-se de esclarecer isso e que tais informações não podem ser passadas adiante. Se você receber informações que julgue confidenciais, confirme se podem ou não ser partilhadas com outros.

5. Imagem

Num jogo de pôquer, os participantes prestam muita atenção ao que está acontecendo, observando até mesmo as expressões faciais mais discretas, as conversas e o próprio silêncio. O jogador de cartas astuto sabe que o que está sendo transmitido tem tanta importância quanto as cartas nas mãos de cada um à mesa.

Não é diferente com relação à empresa e às pessoas que ali trabalham. Podem até não comentar diretamente com você sobre o comportamento que observam. Contudo, estão reparando, e isso afeta a forma como você é percebido. Pode soar como paranóia, mas é verdade!

Nossos instintos são direcionados a apanhar constantemente informações que vêm do mundo ao nosso redor. Somamos a maioria das nossas observações ao modo como tomamos nossas decisões. Pense sobre o que você observa durante as inúmeras interações com seus colegas. Quando um deles se mostra sempre distraído e parece nunca fazer contato com os olhos, você não repara? É como se tal pessoa vivesse preocupada. Culpa da cafeína? Problemas em casa? O que quer que seja, esse indivíduo aparentemente se encontra em outro lugar. E talvez ele nem perceba que passa essa impressão. Contudo, como resultado de suas interações, você só mantém com tal pessoa diálogos breves e objetivos.

Construir a imagem que deseja exige tomar consciência das sutilezas do que você diz e como diz. A fim de continuar a construir suas aptidões de imagem, leve em conta os conceitos de afinidade no comportamento e nos relacionamentos. São aptidões extras que o ajudarão a se comunicar e a construir com mais eficiência a confiança dos membros de sua equipe e colegas de serviço.

Afinidade nos relacionamentos

O objetivo da afinidade nos relacionamentos é criar um vínculo com a pessoa com quem você está falando a fim de desenvolver a familiaridade, a confiança e a credibilidade. Isso se faz por meio de perguntas acerca de interesses, formação e experiências potencialmente semelhantes.

Por exemplo, durante uma conversa leve para conhecer mais sobre um colega, você percebe que ambos freqüentaram a mesma faculdade em anos diferentes. De repente, os dois ficam mais à vontade. Você nota que a outra pessoa parece bem mais confortável e ansiosa para partilhar informações à medida que caminha pela trilha da nostalgia. Ela lhe pergunta se o prédio do curso de psicologia ainda parece um hospício e vocês riem das cores medonhas que a escola mantém na fachada do prédio desde a virada do século. Por causa de suas experiências em comum, você estabeleceu com a outra pessoa um nível de credibilidade e confiança.

Haverá situações em que terá pouco ou nada a ver com o outro e, ainda assim, vai desejar estabelecer uma afinidade no relacionamento com esse funcionário. É aí que sua curiosidade e suas aptidões para ouvir atentamente entram em jogo. Você cria a afinidade arranjando tempo para conhecer mais sobre a outra pessoa.

Como você estabelece essa afinidade no relacionamento? Comece conversando sobre futilidades. "Mas eu odeio conversas fúteis", você responde. "É perda de tempo. Não quero saber sobre os três filhos da Beltrana e o que cada um faz depois da escola. Nem ao menos tenho filhos! Não tenho nada a ver com ela." Não interessa que você e a Beltrana não tenham nada a ver um com o outro. Coloque o seu chapéu da curiosidade e mantenha o diálogo.

Quando um colega de serviço compartilha uma história pessoal, está revelando dados sobre si mesmo. Lembre-se do essencial do que estiver sendo dito a você: quantos filhos, seus nomes e passatempos. A próxima vez em que você se encontrar com esse colega e perguntar como vão as aulas de natação do filho de 5 anos dele, e se o menino já consegue dar braçadas estilo *crawl*, a probabilidade é que você tenha uma resposta agradável e educada da outra pessoa, porque você lhe deu tanta atenção que até lembrou desses detalhes. Esse funcionário vai se sentir muito mais ligado a você por ter demonstrado o seu interesse e ouvido a história dele. Você ganhou a sua confiança.

Seu nível de interesse no relacionamento aumentará com o tempo. Antes que perceba, terá sólidos relacionamentos com seus colegas, fortes o bastante para que, quando precisar de um favor ou de uma ajuda, seus colegas estarão prontos para socorrê-lo. O melhor de ter estabelecido a confiança e a afinidade com alguém é que, a menos que você faça algo que comprometa o relacionamento, sempre poderá contar com ele.

Afinidade no comportamento

Ter interesses em comum é um dos aspectos da afinidade. O segundo é aquilo que se conhece como afinidade no comportamento, uma expressão oriunda do campo da programação neurolingüística (PNL). Não se acanhe. Suas raízes vêm de várias disciplinas da psicologia. Não, de modo algum estamos pedindo para você se tornar o terapeuta de seus colegas de trabalho.

A PNL começou nos anos 1960, em Santa Cruz, Califórnia, e se baseia nas pesquisas de Richard Bandler e John Grinder. Suas descobertas se revelaram bastante interessantes e aplicáveis a qualquer um. O padrão percebido por Bandler e Grinder foi que, quando os terapeutas combinavam os padrões de comunicação verbal e não-verbal de seus clientes, conseguiam estabelecer rapidamente a confiança.

Você já passou pela experiência de se sentir completamente sintonizado com alguém? Por algum motivo, vocês dois se assemelham naturalmente um ao outro. Se gravassem a interação de vocês em vídeo, provavelmente notariam que suas linguagens corporais se assemelhavam. Ao balançar seus braços com empolgação, a outra pessoa faria o mesmo de forma natural. Talvez você até mesmo tenha começado a agir como ela, usando as mesmas palavras básicas. Quando ela dizia "Sem chance!", você respondia "Juro!", embora essa não fosse uma expressão usual para você.

Quem sabe vocês dois falavam mais rápido e mais alto por estarem passando ótimos momentos juntos. Era uma conversa divertida! Sim, vocês estavam tendo afinidades de comportamento. Isso ocorre com naturalidade quando duas pessoas estão em sintonia, independentemente de há quanto tempo se conhecem.

Se você tivesse de perguntar depois, a essa outra pessoa, por que se sentiram tão à vontade, ela poderia lhe responder que gostou do contato com o olhar, que ouviu e fez perguntas. Enquanto expunham essas características como parte de suas aptidões para ouvir ativamente, também demonstravam, por meio de seu comportamento, que tinham semelhanças e, portanto, não eram ameaça um ao outro. A afinidade de comportamento é ótima para acrescentar ao seu conjunto de aptidões para ouvir ativamente.

Em que isso influenciará em seu local de trabalho? Bem, você pode se arriscar e esperar que haja uma sintonia com outra pessoa. Mas não podemos fazer previsões quanto a isso. Apenas que você também pode aumentar as probabilidades de ter sintonia com uma pessoa, assemelhando-se propositadamente a ela – não queremos dizer com isso que você deva imitá-la. Uma imagem exata pareceria algo muito falso. Semelhanças gerais já bastam. A maior parte das pessoas nem vai perceber o que você está fazendo. Para os poucos que foram treinados nessa área, a maioria não notará. Até onde lhes disser respeito, a conversa vai soar agradável. Enfim, no caso dos pouquíssimos que descobrirem, em geral ficarão encantados em ver seu empenho.

Afinidade no comportamento em ação

Os momentos críticos nos quais você lançará mão da afinidade no comportamento serão no início da conversa, a fim de criar uma sensação de familiaridade e conforto, e durante a conversa, caso surjam diferenças de opinião. Em ambos os casos, sua intenção de estabelecer combinações servirá para criar um clima de conforto e confiança e, em seguida, envolver-se ou renovar esse envolvimento com a pessoa na conversa, conforme necessário.

Por exemplo, quando alguém está irritado, a maior parte das pessoas tenta acalmar esse alguém demonstrando um comportamento oposto. Especificamente, a pessoa irritada pode apontar o dedo na cara da outra, franzir as sobrancelhas, aumentar a voz e usar uma linguagem áspera. Quando tentamos acalmar esse indivíduo, agimos naturalmente com tranqüilidade, que é o comportamento exatamente contrário. Trata-se de uma falta de sintonia nítida e o oposto da criação de uma afinidade no comportamento. Na verdade, a pessoa irritada vai se sentir incompreendida pela pessoa calma, se não tratada com condescendência, o que a levará a irritar-se ainda mais.

Para demonstrar que está entendendo o estado emocional desse indivíduo, você precisa acertar-se com o ritmo dele antes de prosseguir. Com base no exemplo anterior, para criar uma afinidade no comportamento com alguém que se encontra irritado, você também pode subir seu tom de voz levemente, usar a mesma linguagem corporal para ter a atenção da pessoa e dizer com energia que você compreende a raiva dela. Embora isso pareça muito trabalhoso para o envolvimento com alguém, funciona e, com a prática, ficará mais fácil.

A quais comportamentos se adaptar

Quando você está se acertando com a outra pessoa, concentre sua atenção nestas quatro áreas: comportamento externo (o que você vê), comportamento interno (como o outro se sente), voz (tom e ritmo) e linguagem (frases e palavras específicas).

Ao adaptar o comportamento externo, perceba a linguagem corporal da outra pessoa. Isso inclui postura, gestos com as mãos e expressões faciais. É importante adaptar a postura. Alguns gostam de se inclinar para a frente durante um diálogo, outros gostam de se inclinar para trás na cadeira. Certifique-se de que você se acerta com a postura da outra pessoa, uma vez que esse comportamento em particular transmite muitas informações com relação aos sentimentos dela. Se alguém se inclina para a frente e você se inclina para trás em sua cadeira, esse gesto seu pode ser interpretado como falta de interesse na conversa. "Mas eu me sinto confortável com os braços cruzados e inclinando-me para trás em minha cadeira." Suas intenções não importam. É o que a outra pessoa percebe que será a verdade na cabeça dela. Saia da sua zona de conforto e experimente novas posturas.

Você vai descobrir que certas pessoas tendem a falar usando as mãos. Se for o caso, tente mexer mais com as suas. Isso a princípio pode parecer desconfortável, mas, lembre-se: ninguém sabe que você está experimentando. Em geral, os outros se encontram tão absortos em si próprios e no rumo da conversa que nem vão reparar. O mesmo vale para as expressões faciais; se perceber que a pessoa sorri bastante, você vai precisar fazer o mesmo.

Adapte seu comportamento interno se sentir necessidade de dar ênfase mais profunda à pessoa e estiver encontrando dificuldades para se envolver com ela. Coloque-se no lugar do outro. Se ele está triste nesse instante, o que isso quer dizer? Pode se sentir desanimado, pessimista e perturbado. Quando você conseguir adaptar-se a essa pessoa em um nível de emoção mais profundo, poderá compreender mais facilmente pelo que está passando.

Nesse ponto, você trabalha a partir de uma situação com mais informações quando chegar a hora de tomar decisões sobre como escolhe comunicar-se com as pessoas. Você pode achar que é melhor deixar a conversa para mais tarde se estiverem tomadas por muita emoção. Pode decidir mostrar sua empatia e declarar, de maneira ousada, que entende pelo que estão passando. Ao adaptar-se ao estado interno da outra pessoa, você demonstra que entende por que experimenta aquilo que ela está sentindo.

Adapte-se à qualidade de voz dos outros. Preste atenção nos tons e velocidades. Pense no contexto de uma biblioteca. Se começar uma conversa em voz alta com seu amigo, não se surpreenda com os olhares desagradáveis da bibliotecária lembrando a você onde estão e que tom devem usar. Assim, aja sempre de acordo. Abaixe a voz e fale mais devagar. Não há nenhuma diferença entre isso e adaptar-se a outra pessoa para ganhar afinidade com ela.

Com que rapidez a outra pessoa fala? Compare com você mesmo. Você precisa aumentar ou reduzir a velocidade no diálogo? Pense na vez mais recente em que conversou com alguém que falava tão devagar quanto uma tartaruga. Lembra-se da sensação de raiva quando você tentou acelerar a conversa e essa pessoa não se apressava para encerrar o que tinha a dizer? Trata-se de uma clara falta de adaptação nos ritmos. Verifique a velocidade da fala do outro de modo a poder ajustar seu ritmo para obter e manter a afinidade.

Seu tom de voz transmite um bocado de informações. Se você revirar os olhos e disser, com sarcasmo, "Que grande idéia", todos saberão, pela sua linguagem corporal e pelo tom de voz, que você não gostou do que ouviu. Pense na ocasião em que alguém lhe disse "Oi" sem o menor entusiasmo. Não reparou que essa pessoa não estava nem um pouco feliz em vê-lo? O tom de voz é um grande indicador da situação interna de alguém. Ele fornece pistas adicionais que identificam como anda a emoção do indivíduo e a melhor forma de abordagem. Também é preciso levar em conta seu próprio tom de voz a fim de assegurar que você está enviando a mensagem que pretende. Encontre um ajuste de tom e velocidade que o deixe à vontade.

Por fim, *preste atenção nas palavras e frases essenciais que você usa em seus diálogos*. As mesmas palavras podem ter significados diferentes para pessoas diferentes. A fim de criar uma afinidade no comportamento, é importante utilizar as palavras-chave e frases essenciais que a outra pessoa usa. Peça esclarecimentos usando exatamente as mesmas palavras. É fácil abalar um relacionamento fazendo uma interpretação errônea. Ater-se às palavras exatas é mais seguro. Você já passou pela experiência de alguém se expressar com suas próprias palavras e, quando você entendeu errado, deixou a situação ainda pior? Você viu uma leve pontada de perturbação no rosto da outra pessoa? Bem, sua observação provavelmente estava certa. A pessoa não apenas ficou irritada, mas também sentiu que você não entendeu o que ela queria dizer.

Junte tudo

Seja seu próprio campeão! Agora é o momento de colocar as idéias em prática. A melhor forma de aprender a fazer é fazendo. Aprofunde-se em seus projetos e na sua vida profissional. Conheça pessoas que possam ajudá-lo. Utilize suas aptidões para criar afinidades e para iniciar a construção da confiança em sua equipe e com os colegas de serviço.

A seguir, seu guia para a agenda da semana. Insira o que precisará fazer na Semana 4, a fim de garantir que estará se aprofundando e progredindo ao executar seus projetos. Ao terminar a semana, e antes que você esteja pronto para o tão merecido fim de semana, empregue alguns instantes para recordar os dias que passaram. O que deu certo? O que você aprendeu? No que quer trabalhar ou o que quer realizar na semana que vem?

Parabéns pelo término de sua quarta semana de trabalho!

Guia para a sua agenda da Semana 4

(Utilize este guia para montar a sua agenda e usá-la na sua quarta semana de trabalho.)

Para agendar a semana de __/__/____ a __/__/____

Objetivo geral: manter-se no caminho certo com seu plano

Aptidões Nadar ou Afundar	Ações desejáveis
1. Objetivos Progredir em seu trabalho.	Treinar minhas aptidões de desenvolvimento de afinidades no relacionamento. Deixar claros meus marcos. Preparar-me para reuniões com colegas, de modo a obter informações.
2. Tempo Planejar-se para as interrupções em sua semana de trabalho.	Verificar como estou gerenciando meu tempo para ir ao trabalho, voltar para casa e realizar minhas reuniões pontualmente. Verificar minha lista de tarefas semanal. Planejar as interrupções do dia. Quais as que aparecem com mais freqüência? Planejar minhas tarefas para a próxima semana.
3. Conhecimento Utilizar recursos relevantes sobre conhecimentos.	Prestar atenção na abrangência de meu projeto e dos objetivos. Eles mudam ou permanecem os mesmos? Treinar minhas aptidões de desenvolvimento de afinidades no relacionamento, especificamente a adaptação às diferentes linguagens corporais.
4. Equipe Começar a partilhar seus recursos com a equipe.	Certificar-me de que minhas conversas com os colegas de serviço parecem equilibradas. Como retribuir pelo tempo e opiniões deles? Abrir minha mente, não me irritar com pouco e sorrir. Concentrar-me em minhas aptidões de equipe.
5. Imagem Desenvolver a afinidade e a confiança.	Levar em conta os conceitos de afinidade no comportamento e nos relacionamentos.

Semana 5
Suba até o convés de observação

"A semana passada foi boa, mas poderia ter sido melhor. Durante uma reunião, as pessoas se entrosavam e eu mencionei que estávamos dez minutos atrasados. Ficou parecendo que eu queria começar logo. Na realidade, entrei na pauta da reunião um tanto cedo. Recebi alguns olhares estranhos e pude perceber meu rosto ficando vermelho. Senti-me bastante envergonhado. Talvez pareça algo trivial, mas, quando se é novo em um lugar, você não quer cometer erros assim.

Ainda estou me acostumando com as diferenças entre meu antigo emprego e este. É incrível como algumas coisas são diferentes e como esses pequenos detalhes, como as pessoas levarem quase 25% do tempo se entrosando, tornaram-se uma parte importante da cultura da empresa. Em meu emprego anterior, as reuniões eram muito mais formais – tínhamos uma pauta e objetivos específicos a cumprir durante a reunião. Sem dúvida era um ambiente mais sisudo e 'direto ao ponto'. Fez-me pensar sobre como as pessoas trabalham juntas e os tipos de coisas relevantes para os funcionários desta nova companhia. Acho que o entrosamento pode ser uma parte importante na realização do trabalho."

Você se viu cercado pela mata selvagem que é o seu novo emprego. Em todas as empresas existem maneiras formais e informais para a execução de um trabalho. A parte formal se encontra ao seu redor – regras e regulamentações pertinentes à sua conduta: não atirar lápis, não correr pelo *hall*, estruturas dos prazos finais, horários de chegada e demais diretrizes empresariais. A forma pela qual se executa um serviço em sua empresa é regida por suas diretrizes e seus procedimentos, estilos de gerenciamento e produtos ou serviços específicos.

Entretanto, conforme você passa mais tempo em seu trabalho, talvez perceba coisas que vão além do que a vista alcança. Ah, existem. É a parte informal. É a parte mais rica do verdadeiro aprendizado de navegar, com êxito, ao longo de sua nova empresa, entendendo as regras e as maneiras não escritas para efetuar suas tarefas.

Coloque um par de óculos de "raios X", decodificadores de empresas. Torne-se um cientista empresarial e examine atentamente abaixo da superfície, de modo a observar mais de perto os trabalhos internos dessa empresa. Você está prestes a ver um ambiente fascinante, repleto de rituais, regras e práticas não escritas. Observe uma criatura conhecida como *Homo colegudeserviçus* por uma ótica inédita e sutil, documente suas descobertas e ponha suas observações em prática no emprego. Ao decifrar seu ambiente de trabalho, você ficará surpreso com sua capacidade de circundar obstáculos potenciais e atingir seus objetivos. Agora, coloque seus óculos. Chegou a hora da aventura!

Semana 5	Objetivo geral: identificar maneiras e processos pelos quais o trabalho é executado
Aptidões Nadar ou Afundar	**Atividades**
1. Objetivos	Identificar maneiras bem-sucedidas pelas quais executar o trabalho.
2. Tempo	Observar como o tempo é tratado, valorizado e gerenciado.
3. Conhecimento	Identificar como as informações são partilhadas.
4. Equipe	Observar e compreender como sua equipe executa um trabalho, como colabora e como funciona.
5. Imagem	Observar seu ambiente, como outras pessoas consideradas bem-sucedidas se vestem e se comportam, como você vai se adaptar e fazer os acertos necessários.

1. Objetivos

Nas várias organizações com as quais trabalhamos, ficamos impressionados ao ver como altas somas em dinheiro eram colocadas em projetos, sem que primeiramente se definisse um objetivo claro. Isso poderia ser facilmente descartado como um traço curioso e excêntrico, não fosse pelo fato de que é muito freqüente certos projetos sem objetivos claros se tornarem um desperdício de tempo e dinheiro.

A maneira como essa empresa e seus colegas de serviço definem e realizam objetivos deve ser importante para você. Na qualidade de novato completo, você deve se certificar de que pode cumprir o que estabeleceu como realizável. Também quando a empresa crescer, a importância que você coloca na transparência dos objetivos permitirá que seja a voz da razão e uma influência positiva sobre a equipe e a empresa. Dirija seu espírito inquisidor aos itens a seguir.

Decisões, decisões

Um componente fundamental para a realização da tarefa é tomar decisões. Elas acontecem com base na influência da liderança, em elementos culturais como a importância da cooperação ou no tipo de trabalho a ser executado. As possibilidades de tomada de decisão vão desde o "sim" ou o "não" rápidos e fáceis do líder à abordagem lenta que abrange todos os envolvidos e pede por um consenso.

Perceba como as decisões são tomadas nessa empresa. Ela é boa em cooperação? Em caso afirmativo, para conseguir que as decisões relacionadas a seu trabalho sejam tomadas, talvez você precise incluir várias pessoas que apóiem essas decisões. Os responsáveis pelas decisões são alguns poucos funcionários essenciais (ou seja, os gerentes)? Se for o caso, você terá de saber qual a melhor maneira de comunicar suas idéias. Outra parte importante da tomada de decisões é determinar o que influencia o ato de decidir das pessoas.

Alguns precisam de uma porção de fatos e estatísticas, enquanto outros se baseiam em relacionamentos. Quando você compreender como se dá a tomada de decisões nessa empresa, saberá como conquistar o apoio dos outros para que as decisões sejam tomadas a seu favor.

Prioridades

A importância de uma meta deve estar diretamente relacionada às prioridades de sua equipe ou da companhia. Existe um problema muito comum nas empresas: o de não limitar as prioridades a um número reduzido e crucial. O resultado surge como uma lista de dez ou quinze prioridades essenciais, o que é ridículo. Quando tudo é uma prioridade essencial, ninguém sabe o que fazer primeiro.

Organizações, equipes e indivíduos deveriam possuir três prioridades essenciais por vez, nada além disso. À medida que o trabalho se acumula em sua área, vai se tornar fundamental compreender como eleger as prioridades. Desse modo, você poderá centrar seus esforços na direção correta.

Liderança na empresa, exigências do cliente e eventos inesperados: cada um deles pode influenciar a definição das prioridades. Caso você precise conhecer a ordem de importância na sua empresa e equipe, fale com seu gerente. Pergunte como elas foram determinadas. Além disso, dê uma olhada em seus projetos atuais e veja como eles se encaixam com as prioridades identificadas. A forma como as tarefas estão classificadas pode ser diferente de como você o faria. Dê o melhor de si quando for estabelecer expectativas realistas para o que você pode realizar e siga o fluxo.

Como vender suas grandes idéias

De repente, você teve uma idéia de como economizar o dinheiro da firma. Com quem conversar para ganhar apoio? Descubra qual o protocolo para dar início a novas idéias. Isso pode ser tão simples como partilhá-la com seu gerente ou tão complexa quanto fazer uma pesquisa e desenvolver uma proposta formal. Além disso, utilize sua rede de contatos para determinar quem mais você possa querer (ou necessitar) como parte de seu plano.

Todo mundo pode dar uma mãozinha, às vezes

Todos nós precisamos de auxílio, seja na forma de um orçamento, de informações ou uma ajuda extra no trabalho. No entanto, obter com êxito o socorro de que você necessita pode requerer um certo discernimento. Faça algumas observações. Quando e como as pessoas solicitam ajuda? Quais os fundamentos para obter essa ajuda? Isso se baseia em quem está querendo abrir a boca e pedir ou somente em diretrizes meticulosas de orçamento? Quais os recursos disponíveis? Novamente, o sucesso tem tudo a ver com entender o protocolo básico e as etapas para a obtenção bem-sucedida de assistência para realizar seus objetivos.

Trabalhem juntos com gentileza

A menos que você trabalhe no turno da noite como controlador de alguma usina nuclear, talvez seu emprego envolva um certo nível de cooperação com pessoas, equipes e departamentos. Você teve uma chance de testemunhar a eficácia da cooperação. Pense em suas experiências. As pessoas falam sobre o valor do trabalho em conjunto, mas trabalham por conta própria? As parcerias com colegas exigem a preexistência de confiança ou de um relacionamento? As equipes e empresas compartilham informações ou fazem parcerias em projetos?

Outro aspecto da cooperação é definir como o trabalho em conjunto e o compartilhamento acontecem. Identifique o máximo de métodos, tecnologias ou protocolos que puder e some isso ao modo como trabalha com os outros.

2. Tempo

Você se sente como um papa-léguas entre pingüins ou está em sintonia com o ritmo da nova empresa? Conforme provavelmente já deve ter notado, essa empresa tem uma forma distinta de valorizar o tempo. É muito importante que você tenha consciência do ritmo de seu ambiente de trabalho, como o tempo é tratado e com o que você se compara nesse aspecto. A última coisa que você vai querer é o apelido de "tartaruga". Para ter uma idéia sobre sua adequação à nova empresa do ponto de vista do tempo, você precisa entender os valores dela referentes a esse assunto.

A importância do tempo

Entenda o valor dado a prazos de entrega, a agendas e às diferenças entre o que as pessoas dizem que querem e o que acontece na realidade; isso o ajudará a planejar, priorizar e navegar com êxito, ao longo das irregularidades de logística de sua empresa.

Entre uma organização e outra, o tempo é tratado de forma muito diferente. Talvez você descubra o estabelecimento de que as reuniões comecem em cima da hora. Todos, porém, sabem que se chegarem na hora ficarão aguardando sentados, sozinhos, por uns bons cinco minutos. Assim, propositadamente, as pessoas aparecem cinco minutos mais tarde. O mesmo vale para comportamentos referentes a prazos. São fixos ou flexíveis? Quais os efeitos disso? O que você nota, em geral, quanto à forma de seus colegas de serviço cumprirem prazos? E como respondem a e-mails e telefonemas? O retorno é imediato?

Fique alerta a essas práticas. Elas o ajudarão a seguir regras e diretrizes com eficiência. Também darão a você a oportunidade de influenciar e criar modelos de conduta mais profissionais, como iniciar as reuniões pontualmente, cumprir prazos de entrega e responder imediatamente (num prazo de 24 horas) a e-mails e recados deixados na secretária eletrônica.

Encontre o ritmo certo

Observe ao redor: os funcionários de sua empresa disparam como lebres movidas à cafeína ou se deslocam na velocidade de uma geleira derretendo? O ritmo nessa empresa é intenso ou relaxado? Qual é a prática da firma com relação a isso? Por exemplo, espera-se que o trabalho solicitado num dia esteja pronto no dia seguinte? Ou as pessoas começam cedo a alimentar as idéias e as deixam maturar durante algumas semanas, antes de assumir qualquer compromisso?

Tenha em mente o ritmo dessa empresa. Aumente a sua velocidade em um grau ou dois para obter uma melhor sintonia com seus colegas. Ou, ao contrário, você poderá querer pisar um pouco no breque se perceber que deixa os demais comendo poeira. Quem julga é você, e é importante compreender o ritmo da empresa de modo a estabelecer a sintonia com as pessoas.

O tempo e a visão de conjunto

Observe a estratégia da firma. Ela está concentrada em objetivos de longo, curto ou médio prazo? Verifique como ela planeja atingir esses objetivos. Certas empresas concentram-se numa estratégia de crescimento rápido a curto prazo; outras, num desenvolvimento mais lento, uniforme e a longo prazo. Em níveis empresariais, o tempo recebe uma forte influência do ramo de atividade. Por exemplo, um laboratório pode levar dez anos para colocar um produto no mercado, enquanto uma companhia de *softwares* leva dois para obter uma versão nova de seus produtos.

Contudo, não importa o ramo; importa, sim, perceber a correlação entre o tempo, a estratégia e o planejamento atuais e os objetivos mais amplos de uma organização. Caso essa firma esteja focada totalmente nas pressões imediatas da atualidade, pode estar perdendo inúmeras oportunidades que exigirão planejamentos mais abrangentes.

Muitas empresas sabem que a eficiência depende de uma combinação entre equilibrar a urgência dos objetivos de curto prazo e plantar as sementes do sucesso de longo prazo. Contudo, assim como as pessoas, as empresas tendem a se concentrar mais em um desses elementos do que no outro.

Talvez você descubra que essa organização afirma ser importante concentrar-se no futuro; no entanto, emprega muito pouco capital em pesquisa e desenvolvimento e empenha seus esforços e dinheiro somente contratando vendedores a fim de atingir a cota trimestral de vendas. Compreender essa perspectiva mais ampla o ajudará a entender melhor por que as decisões são tomadas de determinada maneira.

3. Conhecimento

Embora não perceba, você é um trabalhador de conhecimentos – o tipo de funcionário cujos recursos mais importantes se encontram na cabeça, e não nas mãos. Passar da idéia de que seu valor se baseia em força física e velocidade para o conceito de que os fundamentos de seu trabalho se apóiam em suas aptidões mentais, em seu grau de instrução e em sua perspicácia é uma evolução tremenda no local de trabalho. Nessa empresa, o recurso mais valioso é o conhecimento de seus funcionários? O conhecimento, onde encontrá-lo e como é partilhado tem tanta importância quanto o modo como você vai obter sucesso em seu novo emprego.

E-mails e reuniões

Identifique os procedimentos-padrão para compartilhar informações em sua empresa. Procure saber como as informações são passadas. Quais as preferências das pessoas? Descubra também como as informações são partilhadas nos diferentes níveis e grupos da organização. Os líderes da empresa utilizam métodos distintos dos usados pelos gerentes? Procure conhecer os protocolos e as práticas específicos. Será que há diferença entre os tipos de informação compartilhados em reuniões e os partilhados via e-mail?

Dependendo da empresa, as informações podem ser tratadas como recursos protegidos ou livremente difundidas. À medida que você partilha seus conhecimentos, defina claramente com quem falar, o método adequado de compartilhamento e se as informações são ou não adequadas às pessoas que vão recebê-las.

Os bastidores

Toda empresa possui aqueles funcionários que estão "mais por dentro dos acontecimentos". Eles conhecem as últimas novidades internas e reais da empresa. Esse é o tipo de informação que causa impacto em suas atividades cotidianas, mas ninguém as revela a você num memorando nem durante uma reunião da equipe. Essas fontes informais de dados podem ser recursos fundamentais para entender como a engrenagem funciona nos "bastidores" da empresa. O acesso a essas informações se baseia em relacionamentos de confiança.

Quem são aqueles com quem você trabalha e sempre parecem estar "mais por dentro"? Não se desgaste se não tiver identificado nem estabelecido um relacionamento de confiança com esses funcionários dos "bastidores". Ganhar a confiança dessas pessoas leva tempo.

Cuidado, porém. Pelo fato de você ser novo na empresa, algumas pessoas poderão oferecer-lhe supostas informações "confidenciais", que juram ser verdadeiras, mas não passam de fofocas ou de brincadeiras de mau gosto. Não leve isso tão a sério e tenha critério ao selecionar suas fontes de informação.

Um outro lado triste dessas informações não oficiais é que, enquanto você gostaria que todo colega de trabalho estivesse disposto a ajudá-lo, alguns podem tentar orientá-lo de modo errado. E, sem dúvida alguma, você não quer ser rotulado, logo em suas primeiras semanas, como criador de casos ou como alguém crédulo o bastante para tornar-se o alvo das informações maliciosas de alguém.

Portanto, comece devagar e com critério: primeiro, concentre-se na construção de seus relacionamentos. As informações dos "bastidores" aparecerão no momento certo.

Desculpe-nos, mas não fazemos isso aqui

A maioria dos organismos vivos apresenta três reações principais à exposição a novos fatos: lutar, fugir ou aceitar. Na apresentação de idéias novas, as empresas agem de modo bastante parecido. Podem ficar ansiosas por aceitar um conceito inédito, repeli-lo e rejeitá-lo ou tentar ignorá-lo e esperar que desapareça.

A fim de garantir a aceitação de suas propostas, certifique-se de como novas idéias são tratadas em sua empresa e o que você pode fazer para obter o máximo de probabilidade de aceitação. Algumas pessoas precisam de tempo para se acostumar com algo novo. Outras podem, a princípio, se mostrar resistentes a novas idéias e informações, porque estas terão impacto sobre seus projetos ou pautas. Descubra o quanto de informações e de tempo é necessário para que as pessoas na sua empresa possam assimilar uma novidade.

Verifique suas fontes

Um aspecto importante do conhecimento ou da informação é garantir que a fonte seja respeitada na empresa. Citar revistas de fofoca pode dar resultado em determinadas firmas, ao passo que outras podem ter fontes diferentes e mais bem conceituadas. Certas empresas adotam como padrão os dados acadêmicos e científicos, enquanto outras dão mais importância às experiências de campo. Qual é o caso nessa companhia? À medida que você entende quais dados merecem crédito, isso o ajudará a identificar e reunir o tipo de informação a compartilhar com os demais e dar respaldo às suas idéias e aos seus planos.

Como aprender a organizar ou a reinventar

Administrar seus conhecimentos em uma empresa se dá, em grande parte, tendo certeza de que aquilo que foi aprendido com os vários projetos é partilhado com o restante da companhia. Uma parcela da compreensão de seu verdadeiro ambiente de trabalho exige definir *se, quando e como* os conhecimentos originados dos projetos são compartilhados, de modo que você não esteja "reinventando a roda" a cada novo projeto. Na empresa existe algum processo de aprender baseado nos esforços anteriores? Os funcionários perdem as informações sem ao menos pensar como compartilhá-las?

Em muitas organizações existe um processo pelo qual, após a realização dos projetos e objetivos, a empresa, o departamento ou a equipe examina o que se aprendeu (erros e sucessos) e o que pode ser transmitido às pessoas que não trabalharam nesse exame. Isso diminui as redundâncias e ineficiências, além de prevenir erros dispendiosos no futuro. Mas, muito embora isso possa lhe parecer intuitivo e óbvio, você ficaria surpreso ao descobrir como ainda existem inúmeras empresas que não prestam atenção aos conhecimentos e às lições recebidas.

Mostre-me o dinheiro

Tanto quanto os líderes de uma companhia afirmam valorizar e incentivar a partilha de conhecimentos, pode haver muito pouco dessa prática, a menos que existam recompensas ou penalidades para aqueles que não a utilizam. Olhe à sua volta. As pessoas são recompensadas pela prática de compartilhar? Sofrem penalidades se não partilham? Os líderes da sua empresa têm o hábito de dividir conhecimentos e recursos?

Essas perguntas o ajudarão a identificar como agrupar os recursos de que você precisa e também a compreender como partilhar com os demais, e com sucesso, aquilo que você tem.

Por exemplo, se dividir o conhecimento não for uma prática habitual nessa empresa, você terá de empregar mais tempo explicando por que está buscando informações e o que planeja fazer com elas. E nunca se esqueça de agradecer a contribuição.

4. Equipe

Às vezes a empresa pode lhe dar a impressão de se parecer mais com uma instituição psiquiátrica do que com um ramo de atividades. Mas você não está sozinho nessa. O maior de todos os desafios a um funcionário novo em qualquer empresa é perceber as diversas dinâmicas sob as quais as pessoas trabalham juntas. Para obter êxito, você precisa compreender tanto as imagens públicas individuais de seus colegas quanto alguns dos tópicos de grande potencial para se tornarem tabus: política da empresa, nepotismo e demarcação de território.

Quanto mais cedo você entender os diversos traços de personalidade da firma, maior a sua desenvoltura para navegar entre minas flutuantes em potencial – e você continuará a prosperar. A necessidade de entender esses traços sutis é mais importante dentro da sua equipe. Eis algumas idéias para manter em mente.

É o que torna sua equipe exclusiva

Cada equipe apresenta uma personalidade distinta. Conforme você passa seu tempo com ela, provavelmente observa traços ou características específicas. Novamente, estamos falando de traços mais sutis que podem não ter sido óbvios a princípio, como a dinâmica de grupo que não aparece aos olhos e a forma de realização do trabalho. Algumas equipes podem ter um espírito mais competitivo e dar ênfase ao "fazer melhor que as demais". Outras podem se concentrar na importância e no valor dos relacionamentos e na criação do espírito de equipe.

Compreenda os elementos exclusivos de sua equipe e isso o ajudará a determinar onde pôr em prática seus esforços. Dentre as perguntas a levar em conta, incluem-se as seguintes: os membros da equipe são solidários uns com os outros ou há preferências internas? Qual a dinâmica de personalidade entre os membros de sua equipe? Alguns apresentam maior ou menor influência? Por quê? (Talvez você note que determinados indivíduos têm determinadas especializações ou aptidões de comunicação que podem auxiliá-los na habilidade de influenciar os outros.)

Pense sobre o que as pessoas ouvem e consideram importantes em sua equipe.

Valores? Que valores?

A maioria das empresas gastou tempo e dinheiro na definição de um conjunto de valores corporativos. Às vezes, esses valores se tornam parte integrante da forma como a empresa conduz seus negócios. Em outras situações, a lista de valores corporativos não vai além de uma bonita impressão escondida numa gaveta.

Sua equipe tem um conjunto de valores a seguir? Procure entendê-los, estejam eles por escrito ou implícitos. Verifique se o comportamento dos membros é coerente com tais valores. Lembre-se de que, embora você seja novo, ainda assim exerce influência sobre sua equipe. Assegure-se de demonstrar coerência entre o seu comportamento e os valores dos membros. Você tem a chance de ser um modelo de conduta para os demais.

Nós dizemos e afirmamos

"Vou lhe mandar essa informação mais tarde" pode ser traduzido como "Você terá essa informação daqui a uma hora", ou "Você terá essa informação na hora em que eu me lembrar de enviá-la". Dependendo da pessoa ou da empresa, essa frase pode ter uma porção de significados.

Indo mais a fundo na análise das características de comportamento de uma equipe, é importante perceber como seus membros procedem quanto a compromissos e como os cumprem. Os membros lhe fornecem as informações no período que você solicitou? As pessoas respeitam os prazos e se mantêm nos horários? Ao definir e atender expectativas, você ganha credibilidade.

Caçar culpados ou ter responsabilidades

Veja como os membros de sua equipe assumem as responsabilidades. Se eles cumprem ou não os compromissos, é outro departamento. Quando, porém, não são capazes de cumprir compromissos, será que tomam as providências necessárias de modo a mantê-lo informado e atualizado? Apontam o dedo para outros e se eximem da culpa? Os sinais de uma equipe forte são compromisso, comunicação e responsabilidade.

Demarcação de território

Apesar de isso parecer mais com um assunto de gangues urbanas do que de administração, a demarcação de território é prática comum na maioria das empresas. Você, que é o novato, já pode ter encontrado isso. Como reconhecer? Os sintomas dessa prática podem incluir receio de compartilhar informações, indivíduos ou grupos que controlam severamente recursos valiosos e gerentes que se recusam a colaborar com outros grupos.

Felizmente, os membros de sua equipe desejam mesmo cooperar, sinceramente, e não ficam demarcando territórios. Mas, mesmo assim, talvez você descubra que existem em sua equipe pessoas preocupadas com o seguinte: no caso de dois de vocês trabalharem em parceria num projeto, você poderá ficar com todo o mérito e ganhar pontos, ao passo que ele poderá ter apenas a responsabilidade pelo que não deu certo.

Existe um motivo pelo qual as pessoas demarcam seu território. Trata-se de um típico medo de perder recursos, controle ou credibilidade. É uma reação natural, embora contraproducente.

Se você se colocar contra uma demarcação de território intensa e não puder obter os recursos necessários ao seu trabalho, provavelmente precisará envolver um membro da equipe de gerenciamento a fim de resolver a questão e esclarecer regras e responsabilidades específicas. Mas isso não edifica nem você nem sua equipe. Assim, busque alternativas melhores.

Caso se descubra numa situação dessas com um colega, procure saber quais as preocupações dele e navegue com cuidado. Alivie essas preocupações, massageando-lhe o ego com elogios na hora certa. Reconheça também os méritos dos membros de sua equipe diante do seu gerente.

5. Imagem

Então quer dizer que você se acha a imagem de alguém trajado para o sucesso, com uma aparência que diz "100% do ramo"? Mal sabe que seus colegas do departamento de logística, que vestem jeans cinco dias por semana, o chamam de "corretor de ações" quando você não está por perto. Pode ser que você esteja trabalhando com afinco e fazendo um bom serviço; no entanto, se não estiver olhando em volta para identificar o que é considerado êxito em termos de vestimenta, comportamento e imagem geral, provavelmente estará perdendo uma grande chance de se adequar ao ambiente. Para se assegurar de que não vai andar por aí com um papel em que se lê "alienado" colado nas costas, pare e pense sobre seu programa de gerenciamento de imagem.

Vestir-se de acordo

Como se vestem os líderes da companhia? Como se vestem seus colegas de serviço? Como você compara uns aos outros? É importante observar essas duas categorias à medida que faz as comparações e vê os contrastes. Talvez você queira igualar-se aos colegas, mas, caso seu objetivo inclua ser um líder dentro da empresa, deixe tudo mais interessante para você enquanto ainda estiver se adequando ao novo ambiente. Use o bom senso. Separe as camisetas estilo havaiano para os churrascos da firma. Preste atenção nos elementos aparentemente sutis. Cada detalhezinho, quando aplicado de forma eficiente, adiciona força e sucesso à sua imagem.

O que aproveitar do que é dito

Pare alguns segundos para considerar tudo aquilo que ouve todos os dias. Quais são as características do que você ouve e guarda, porque as considera importantes? De tudo aquilo que diz, o que julga ficar na mente das pessoas?

Como parte do processo de modelar sua imagem, preste atenção ao que é ouvido e memorizado pelos seus colegas. Uma boa forma para começar a fazer isso é observar o modo como se comunicam as pessoas de sucesso em sua empresa. O que torna suas conversas eficazes? Você os considera educados, considera que não interrompem ninguém e fazem várias perguntas adequadas? Que tipos de opinião emitem? O que dizem é coerente com os fatos ou as referências?

Como definir aquele algo mais

O que você percebe como característica dos líderes eficientes na empresa? O que essas pessoas aparentam saber, que aptidões parecem ter e como se comportam? Você pode descobrir que os indivíduos eficazes na empresa não são aqueles que sabem tudo e conseguem recitar uma linguagem de programação de *software* de cor e salteado. Os líderes eficazes são capazes de colocar em prática seus conhecimentos, têm visão de conjunto, tomam a iniciativa de expressar suas idéias e inspiram os outros. No que você é como eles? Possui os conhecimentos, as aptidões e o comportamento aparentemente valorizados pela empresa? Quais oportunidades precisa desenvolver?

Junte tudo

Seja um campeão! Agora é o momento de colocar as idéias em prática. À medida que trabalhar em sua quinta semana, lembre-se de manter os olhos e os ouvidos abertos. Como agiria qualquer cientista, faça anotações e tire um tempo para refletir sobre suas observações. Mais importante: comece a definir como as suas observações afetarão a sua maneira de fazer o trabalho, comunicar-se com os colegas ou diferenciar seu modo de realizar as tarefas. Confirme suas observações e pensamentos com um ou dois colegas de serviço confiáveis.

A seguir, o guia para a sua agenda da Semana 5. Avalie o que precisará fazer nesse período a fim de garantir que você estará começando a explorar, definir e decifrar seu verdadeiro ambiente de trabalho. Ao terminar a semana, e antes que você esteja pronto para o tão merecido fim de semana, empregue alguns instantes para recordar os dias que passaram. O que deu certo? O que você aprendeu? No que quer trabalhar ou o que quer realizar na próxima semana?

Parabéns antecipados pelo avanço que conseguirá na sua quinta semana de trabalho!

Guia para a sua agenda da Semana 5

(Utilize este guia para montar a sua agenda e usá-la na sua quinta semana de trabalho.)

Para agendar a semana de __/__/____ a __/__/____

Objetivo geral: identificar maneiras e processos pelos quais o trabalho é executado

Aptidões Nadar ou Afundar	Ações desejáveis
1. Objetivos Identificar maneiras bem-sucedidas pelas quais executar o trabalho.	Determinar os valores da empresa e da minha equipe. Como eles fazem parte do meu trabalho diário? Identificar como as decisões são tomadas.
2. Tempo Observar como o tempo é tratado, valorizado e gerenciado.	Planejar minhas tarefas para a próxima semana. Levar em conta como os membros de minha equipe obedecem aos compromissos.
3. Conhecimento Identificar como as informações são partilhadas.	Determinar como as pessoas partilham informações e conhecimentos. Identificar as fontes de informação consideradas confiáveis.
4. Equipe Observar e compreender como sua equipe executa um trabalho, como colabora e como funciona.	Descobrir como as pessoas assumem as responsabilidades por seus atos. Identificar os traços e as características que tornam especiais minha equipe e meus colegas de trabalho. Perceber as diversas dinâmicas sob as quais as pessoas trabalham juntas na minha equipe.
5. Imagem Observar seu ambiente, como outras pessoas consideradas bem-sucedidas se vestem e se comportam, como você vai se adaptar e fazer os acertos necessários.	Será que meu estilo de vestuário está transmitindo a mensagem correta? Determinar os valores que meus colegas de serviço consideram importantes. Como parte da modelação de minha imagem, devo prestar atenção ao que é ouvido e memorizado pelos meus colegas.

Semana 6

Tome fôlego e arregace as mangas

"Noooooossa! Já estou há seis semanas no emprego. Na semana passada conheci uma das pessoas às quais meu gerente se referiu como 'um profissional com muitas aptidões'. Fiquei mesmo bastante impressionado com aquele cara. É de fato um especialista na própria área, e todos na empresa chegam até ele para pedir conselhos. O que me fez pensar... Sei um pouco sobre muitas coisas e muito sobre poucas coisas. Fico pensando em que imagem as pessoas têm de mim e no que sou bom. Mais importante: pelo que quero ser conhecido dentro da companhia?"

Até aqui você esteve observando, pondo em prática e trabalhando no desenvolvimento de suas aptidões. Na sexta semana, concentre-se em seus atributos exclusivos: aptidões, conhecimentos e habilidades que você traz para sua função. Identifique o que o distingue dos demais. Definir o que o torna único permitirá fazer melhor utilização de suas qualidades; partilhe com sua equipe e com outras pessoas da organização informações de modo mais eficiente e identifique oportunidades para desenvolver-se ainda mais como profissional. Isso o ajudará também a fixar toda a sua atenção apenas em aptidões e traços específicos, ou quaisquer outras capacidades pelas quais você queira ser conhecido.

Semana 6	Objetivo geral: ponderar e identificar o que o diferencia dos demais
Aptidões Nadar ou Afundar	**Atividades**
1. Objetivos	Definir suas aptidões e atributos exclusivos.
2. Tempo	Separar um tempo para ponderar e obter perspectivas sobre o que o torna uma pessoa única e o que está aprendendo em seu trabalho.
3. Conhecimento	Identificar o que você conhece, determinar as áreas principais e estabelecer como aplicar seus conhecimentos ao seu trabalho.
4. Equipe	Obter um *feedback* do seu desempenho e partilhar seus pensamentos, suas reflexões e suas idéias.
5. Imagem	Trabalhar no desenvolvimento e na transmissão de sua mensagem pessoal de relações-públicas.

1. Objetivos

Nas cinco semanas mais recentes, você procurou desenvolver suas aptidões Nadar ou Afundar e se tornar um funcionário de valor. Na sexta semana, vai pensar com bastante cuidado no que realizou, concentrar-se em seus pontos fortes individuais e em como salientá-los durante seu trabalho.

Antes de ficar com o ego lá em cima, identifique o que o torna uma pessoa única. Como esse objetivo o ajuda a alcançar o êxito em seu trabalho ou em sua carreira? A resposta é simples. Ao identificar suas qualidades, você adquire a capacidade de diferenciar seus pontos fortes específicos dos de outros funcionários. Ter essa percepção lhe permitirá descobrir quando e onde aplicar com eficiência suas aptidões, transmitir com nitidez o que tem a oferecer aos colegas de serviço de maneira que entendam suas aptidões e identificar as oportunidades para desenvolver-se ainda mais. Além disso, identificar o que faz de você exclusivo o ajudará a direcionar seu foco de modo a criar, com mais êxito, um caminho para sua carreira nessa firma.

Eu sou especial

É, sua mãe tinha razão: você é especial, e não apenas pelas covinhas que surgem quando você sorri. Quer dizer que havia algo de verdade no que ela vinha dizendo durante todos esses anos? Lógico! Contudo, como em todas as outras áreas da vida, você deve acreditar para que se torne real. Tão logo você acredita que é verdade, passa a agir de acordo com essa crença. É, portanto, essencial para seu sucesso que você supere essa dúvida do ser ou não ser especial e aceite logo que você é especial.

No contexto da sua carreira, as aptidões que o tornam exclusivo podem entrar em uma série de setores. Em muitos casos, o que faz alguém ser especial não tem a ver com seu ramo de atividade ou profissão, e sim com traços inerentes de personalidade. Por exemplo, o que faz um médico ser brilhante em sua profissão não é apenas a capacidade de prescrever o remédio correto, mas, mais importante do que isso, a habilidade natural que ele tem para fazer as perguntas corretas de modo a compreender melhor a situação de um paciente.

À medida que você começar a considerar o que o torna alguém exclusivo, pense nas aptidões ou nos traços que lhe ocorrem naturalmente. A continuação deste capítulo resume como pensar sobre isso e, mais especificamente, como descobrir e usar essas informações.

Conforme você aprendeu até aqui com sua prática de definir objetivos, pedimos que estabeleça uma meta para determinar o que torna você uma pessoa destacada e especial. Conclua essa atividade dentro das próximas duas semanas, pois você utilizará essas informações em um futuro próximo. Não se esqueça de suas aptidões para definir objetivos: os marcos, os recursos e as fontes extras para obter mais informações. Como será a aparência do sucesso? Como saberá que concluiu esse objetivo?

Legado profissional

Juntamente com suas considerações acerca do que o torna especial, pense sobre isto: qual o legado profissional que deseja construir? Um legado profissional é o impacto e a contribuição intencionais que você deseja criar em cada um de seus empregos e a experiência e o aprendizado que quer levar consigo.

Tão logo você souber o que quer criar em seu novo emprego, vai concentrar-se nesse rumo e direcionar sua motivação. Seu trabalho terá, em essência, um sentido mais profundo, pois você deixou claro como ele se relaciona ao que deseja criar durante o período em que está em sua atual posição. Definir e criar seu legado profissional reflete o que é especial em termos de quem você é, o que sabe, pelo que quer ser conhecido e como quer ser lembrado.

2. Tempo

Este é o momento para a reflexão. Isso exigirá que você se dê ao luxo de separar um tempo para pensar no que o torna especial. Faça dessa uma oportunidade de se concentrar em si próprio. Raramente paramos para refletir sobre quem somos e o que queremos de fato criar em nosso emprego. O investimento que você fará nesse processo será de imensa valia.

Um pouquinho de tempo para mim

Para colocar um espaço de tempo adequado nesse exercício, é importante bloquear um pouco dele "para você". Guarde em sua agenda um tempo para reflexão. Caso não consiga encontrar essa pausa em seu expediente, use o período no qual você se desloca de casa para o trabalho e vice-versa. Em vez de ir almoçar com os colegas, coma sozinho e aproveite para organizar seus pensamentos. Se seu chefe aparecer em seu escritório e o vir olhando para o nada, explique que está separando um tempo para uma auto-reflexão.

Suas aptidões de tempo

Ainda nos mantendo no tema reflexão, a sexta semana será uma ótima oportunidade para examinar como estão se desenvolvendo suas aptidões de gerenciamento de tempo. Em especial, veja se suas práticas atuais atrasam ou estimulam suas qualidades exclusivas e, em última análise, seu legado profissional. Verifique suas aptidões de gerenciamento de tempo: pontualidade, administração da agenda, controle de tarefas e prazos, capacidade tanto para executar como para planejar e priorizações. Consegue fazer bem tudo isso, ou pelo menos continua no rumo certo para desenvolver tais aptidões? Se não estiver exercitando com eficiência suas aptidões de gerenciamento de tempo, leve em conta como isso pode prejudicar sua demonstração do que o diferencia dos demais colegas de serviço. Certifique-se de que suas aptidões refletem aquilo pelo que você deseja ser conhecido. Você não quer se destacar por ser o único que se atrasa para reuniões, não é mesmo?

3. Conhecimento

Seus conhecimentos são elementos cruciais que o destacam das outras pessoas. Não importam sua idade ou seu tempo de estudo ou de profissão, você possui uma combinação de conhecimentos e perspectiva que é exclusivamente sua. Definir o que conhece é fundamental para aproveitar ao máximo suas aptidões. A maioria de nós supõe que a mina de ouro são as informações armazenadas em nossa cabeça. É fácil não termos consciência do que sabemos, porque, em geral, usamos esses conhecimentos diariamente, sem levar em conta, de verdade, se são exclusivos e dignos de dividir com outras pessoas. É hora de levantar a tampa e ver o que está cozinhando nesse seu supercérebro. Comece revendo as questões a seguir.

- Em que sou bom?
- Quais são as minhas aptidões?
- Quais são meus conhecimentos (formação escolar, treinamento, experiência)?
- Quando e por que as pessoas me procuram atrás de informações?
- O que torna minha perspectiva distinta das de outros?
- Que traços de personalidade me diferenciam dos demais?

Essas perguntas levarão algum tempo até ser respondidas. Faça-as a si e as deixe amadurecer. Algumas respostas podem surgir depressa; outras demorarão mais. O ápice do seu conhecimento é uma mistura de suas aptidões, experiências, pontos de vista e traços de personalidade.

No momento em que você chegar a algumas conclusões e, mais adiante, tiver consciência clara de seus conhecimentos, identifique formas específicas de pôr em prática tais informações em seu trabalho. Você pode, por exemplo, descobrir em suas reflexões que de modo geral as pessoas vêm até você em busca de suas observações pessoais acerca de uma situação, e não necessariamente por causa dos fatos. Assim, suas qualidades exclusivas têm a ver com a sua capacidade de prestar atenção em seu ambiente e apanhar as nuances que outras pessoas não conseguem. Para alavancar seus pontos fortes, talvez você queira contribuir mais ativamente com suas observações em vez de esperar que venham perguntar-lhe.

Seguindo o fluxo ou nadando contra a corrente

Sendo você novo na empresa, há um equilíbrio delicado entre contribuir de forma eficaz e agitar demais as coisas. Conforme você estiver levando em conta seus pontos fortes e o modo como deseja cooperar, tenha consciência de formas mais eficientes de fazer com que suas sugestões sejam ouvidas e utilizadas. Especificamente, que tipo de dados a equipe e a empresa têm, de fato, condições de assimilar?

Pode haver ocasiões em que suas idéias ou recomendações sejam ainda muito novas para ser aceitas e outras oportunidades nas quais exista uma grande probabilidade de a equipe se tornar acessível a elas, na mesma hora. Como isso pode acontecer? Não foi por causa disso que a firma o contratou? Para oferecer suas melhores idéias?

Embora a empresa o esteja pagando para contribuir e adicionar valor, haverá momentos em que ela não estará pronta a ouvir o que você tem a dizer, mesmo se o tiverem contratado por esse motivo que o contrataram.

Há algumas empresas que podem lidar com mudanças revolucionárias e reinventar a si próprias da noite para o dia e outras para as quais a mudança é um processo gradual de aprimoramento. Preste atenção nesses pormenores conforme você contribui com suas qualidades para a equipe e para a companhia. Defina o quanto por vez elas podem e têm capacidade de assimilar. Comece devagar e vá experimentando as águas. Se houver uma reação forte, volte atrás e observe mais um pouco. Se gostarem de suas idéias e sugestões, veja até que ponto os indivíduos concordam realmente com o que você mostrou antes de continuar oferecendo mais.

4. Equipe

Conforme você acende o estopim e ativa suas qualidades, vai querer certificar-se de estar indo na direção certa. A última coisa que deseja é partir a toda a velocidade numa direção apenas para descobrir que vai precisar pegar um retorno. Um modo excelente de garantir seu rumo é pedir um *feedback* sobre seu desempenho e comparar o que julga que está fazendo àquilo que as pessoas percebem em você.

Embora seja importante refletir, e até mesmo verificar algumas de suas suposições com um amigo de confiança ou outra pessoa importante, há outras fontes pelas quais é possível coletar informações e verificar suas conclusões: seu gerente e sua equipe.

Feedback de seu gerente

Feedback. Não tenha medo dessa palavra. Ela conquistou má fama porque a maioria das pessoas não sabe dar um *feedback* de maneira correta. Apesar disso, pedir a opinião das pessoas sobre itens específicos de seu comportamento ou desempenho pode ser crucial para moldar seu desenvolvimento. Embora a importância de obter *feedback* possa ser um senso comum, poucos o realizam por receio ou porque não sabem como pedir.

É muito importante você conseguir um retorno durante as primeiras semanas no emprego. Imagine seu terror ao descobrir que, depois de seis meses trabalhando, você na verdade não atendeu às expectativas. Sempre é mais fácil procurar o *feedback* do que alguém dizer, de repente, que você não está indo bem. Porque, no caso do *feedback*, você já se encontra preparado psicologicamente para as notícias – sejam elas boas, sejam más.

Você pode perguntar "E se meu chefe responder de forma vaga, dizendo que estou indo bem?" Apesar de isso ser boa informação, não necessariamente ajuda a definir, de modo específico, seus pontos fortes ou oportunidades de desenvolvimento nem permite que você desenvolva suas qualidades.

Caso você esteja incerto sobre o que "estar indo bem" significa, faça mais sondagens e pergunte exatamente no que seu gerente considera que está indo bem, que aptidões suas contribuem para o grupo e onde você pode usá-las em outros projetos no futuro. Além disso, você pode perguntar se há algo que ele recomenda fazer de modo diferente. Se ele repetir a mesma resposta vaga, não force. Se pressionar demais, pode passar a idéia de insegurança. Faça a pergunta uma vez e veja o que recebe de volta.

Utilize o *feedback* dado por seu gerente para confirmar o que você está fazendo direito e identifique as oportunidades para mais desenvolvimento. Peça *feedbacks* periodicamente. Talvez você se sinta meio esquisito e um tanto vulnerável em pedir comentários sobre seu trabalho; porém, após algumas vezes, isso vai se tornar normal no seu emprego. Não haja como um cogumelo, que vive na escuridão e espera que seus pensamentos correspondam à realidade. Confirme suas esperanças jogando luz sobre suas suposições.

Feedback dos membros de sua equipe

Os membros de sua equipe são uma fonte incrível de informações. Caso haja poucas pessoas com quem você se sinta à vontade, descubra uma oportunidade informal para pedir *feedback* a eles. É importante perguntar de maneira espontânea, pois você não quer que o vejam como uma pessoa insegura ou que está dando um destaque imenso ao assunto. Na próxima vez em que se encontrar ao acaso com algum deles no corredor, pergunte educadamente: "Oi, Beltrano. Você faz parte da equipe há mais tempo que eu. Notou algumas ações minhas que eu poderia fazer de outra forma, a fim de melhorar a minha eficiência?".

Não se espante se obtiver uma resposta genérica, do tipo "Você está fazendo um bom trabalho". "Todo mundo parece gostar de você." "Basta que você tome cuidado e observe quando a abrangência do projeto mudar na sua vez. Isso acontece com todo mundo." Esse tipo de comportamento é bastante comum quando se é novo na empresa. As pessoas podem não se sentir à vontade ainda e lhe darão sugestões sobre como evitar armadilhas. Tudo bem. Você já conseguiu algumas opiniões muito boas e também confirmou que, em geral, vai indo muito bem.

Se você precisa mesmo saber

O mais importante em pedir o *feedback* dos membros de sua equipe é garantir que você não esteja perdendo nada óbvio nem atormentando todo mundo. Embora essa tarefa se torne um desafio depois de lhe terem dito que seu hábito de roer unhas está enlouquecendo a equipe e descobrir que seu apelido é "Tesoura", sempre é importante agradecer à pessoa pelo *feedback*. É mais fácil para alguém lhe dizer que tudo corre bem do que literalmente parar para pensar no que exatamente você está fazendo, que é ótimo funcionário e em quais áreas você deve prestar atenção.

Some as informações que os membros de sua equipe partilham com você. Caso lhe passem informações ou sugestões específicas – como por exemplo: você pode se sair melhor caso compareça às reuniões mais bem preparado sobre fatos e estatísticas –, some esses dados para melhorar suas qualidades. Se lhe disserem que você está se saindo bem, mantenha o bom trabalho.

Recapitulando

Seguem algumas diretrizes eficientes para fazer perguntas e receber *feedback*.

- Especifique. Identifique um comportamento, evento ou projeto específicos sobre o qual quer receber o *feedback*.
- Caso receba uma resposta generalizada ou vaga, tente sondar mais: "Estou indo bem, mas em que sentido?". Se não conseguir mais comentários com essa questão adicional, deixe a pergunta maturar.
- Agradeça sempre a pessoa pelo *feedback*, não importa o quanto suas informações o tranqüilizem ou surpreendam.

Aproveitar ou esquecer?

Será que você ficou satisfeito com as informações coletadas com seu gerente, sua equipe, seus colegas de serviço e com sua auto-avaliação sobre seu progresso e suas contribuições? Óbvio que não! Obter as informações foi apenas o primeiro passo. Está na hora de examinar e tomar uma atitude quanto ao que você aprendeu.

Primeiro: você está percebendo um padrão no que seu chefe e membros de equipe lhe dizem? Você terá de avaliar as opiniões de todos e compará-las às suas percepções, de modo a tirar as próprias conclusões sobre seus potenciais pontos fortes e fracos.

Segundo: pense num modo de colocar essas informações em prática. Por exemplo, se quase todo mundo disser que você é genial para gerar planilhas e fazer análises, você deverá certificar-se de estar envolvido em projetos que de fato usem seus pontos fortes. Nesse caso, você deveria participar de mais projetos que lhe obrigassem a lidar com números.

Algo para ter em mente também é que, depois de um certo tempo, talvez você se canse de ficar fazendo aquilo em que é bom e queira tentar algo novo. Guarde isso na memória, uma vez que deverá incluir essa informação no plano de desenvolvimento de longo prazo a efetuar nas próximas semanas. Enquanto isso, seus pontos fortes são sua bóia; descubra maneiras de utilizá-los.

5. Imagem

À medida que você deixa claro quais aptidões e traços constroem suas qualidades e acrescentam valor à sua equipe e à sua empresa, é importante que sua imagem tenha coerência com aquilo pelo que você deseja ser conhecido. Sua imagem profissional intencional se baseia em seu plano pessoal de relações-públicas. E sabe por quê? Porque, como em qualquer produto, existe uma percepção sobre o que você transmite e defende, com base na mensagem de sua campanha de *marketing*. Por isso é tão importante você ter sua campanha de *marketing* pessoal.

Esteja ciente disso ou não, você está sempre vendendo sua imagem aos outros, seja no momento de lançar suas idéias para os membros de sua equipe, seja para fazê-los pensar em você quando precisarem de auxílio em um projeto novo. Você quer que boas notícias a seu respeito se espalhem pela empresa e que seu nome e seu rosto sejam sinônimos de determinados valores.

Está na hora de criar sua mensagem de relações-públicas. Pelo que você deseja ser conhecido? Com o que quer ser associado, quando lembrarem de você? Ao pensar em como moldar e transmitir sua mensagem, lembre-se sempre das cinco perguntas: *Por quê, O quê, Quem, Quando* e *Onde*.

Molde sua mensagem

Voltemos ao exemplo dado na apresentação do livro sobre relações públicas e o fabricante de automóveis Mercedes. Esses carros são sinônimo de requinte. São projetados e comercializados com esse intuito. Sua campanha publicitária contém representações visuais de elementos característicos da luxuosidade do veículo. Juntamente com tais representações visuais, todas as associações de palavras da publicidade evocam a magnificência.

Da mesma forma, você deve passar uma mensagem coerente com o que diz e faz. Você não possui porta-copos nem aparelho de DVD compacto; no entanto, confiamos que possua outros itens de alto desempenho.

A intenção de sua mensagem de relações-públicas é transmitir seus valores e aquilo pelo que deseja ser conhecido. Enquanto você pensa sobre seu legado profissional e seus pontos fortes, quais seriam as palavras-chave que melhor captariam tais informações? Encontre três palavras ou frases que representem aquilo pelo que você deseja ser conhecido. Tão logo as tenha definido, transmita às pessoas essa mensagem.

Cada conversa constitui numa oportunidade de passar sua mensagem. Digamos que você queira ser conhecido por saber planejar e pela responsabilidade. Seus diálogos podem soar assim: "Acho importante assumirmos a responsabilidade pelos nossos prazos de entrega. Minha proposta é rever as prioridades de alguns desses projetos e renegociar os prazos. O que vocês acham?".

Lembre-se: suas ações devem ser coerentes com suas palavras. Caso deseje ser conhecido como alguém confiável, dizer algo como "Acho importante que você confie em mim. Vou apanhar esses documentos amanhã", mas não cumprir com sua palavra, significa que você sabotou a própria mensagem. Certifique-se de que seu comportamento corresponde à imagem que deseja passar.

Por último, além de seu comportamento, tenha certeza de que sua aparência física é consistente com sua mensagem. Inclui-se aí como você se prepara e se apresenta, bem como sua linguagem corporal. Como citamos na Semana 4 ao desenvolver a afinidade de comportamento, comunicar-se vai muito além do que aquilo que sai da sua boca.

Chegar ao trabalho de short e chinelos de dedo, atrasar-se para reuniões e se curvar para trás na cadeira, com os pés em cima da mesa, não tem a menor coerência com a aparência de um trabalhador esforçado que faz todo o necessário para cumprir uma meta. Certifique-se de que a forma como você se apresenta também esteja em sintonia com as três mensagens essenciais que escolheu.

Transmita a sua mensagem

Até aqui explicamos *por que* isso é importante e discutimos o *quê*, ou o conteúdo, da sua mensagem. Vejamos agora os tópicos *quem, quando* e *onde* no que se refere à sua mensagem. Como mostramos antes, e-mails, conversas telefônicas e reuniões pessoais são todos palcos excelentes *onde* transmitir a sua mensagem.

Escolha o palco apropriado para a transmissão de sua mensagem. Depois de definidos e articulados os seus valores, utilize o e-mail como método para iniciar uma comunicação. Assim, você pode delinear a sua mensagem, lê-la e revisá-la até que tenha sentido, coerência e clareza. Recomendamos o uso da deixa "Acho importante que..." , pois define, para quem recebe a mensagem, o valor que ela tem para você.

Após praticar a elaboração das mensagens com alguns e-mails, você estará pronto a transmiti-las pessoalmente e por meio de conversas telefônicas. Em seguida, determine se a ocasião é a correta; ou seja, o *quando*. Tenha em mente que sua mensagem deve ser pertinente ao tópico discutido. Esbravejar, de súbito, que você quer garantir que sua equipe possua todos os recursos necessários a fim de ser bem-sucedida é genial; porém, seu colega de serviço, o Fulano, estava apenas querendo saber quantas colheres de açúcar você gostaria no seu café.

Mesmo que queira declarar a sua mensagem de relações-públicas com freqüência, você não deve fazerm com que seus colegas caiam no sono batendo sempre na mesma tecla. Cada item de sua mensagem deve ser afirmado em uma frase concisa. Use a mensagem de acordo com a situação. Seu objetivo é transmiti-la pelo menos três vezes por dia, para três pessoas, durante três meses. Não bombardeie os outros com sua mensagem; apresente-a com freqüência suficiente para deixar claro o que pensa. Há diferença entre a sutileza e a chatice.

Por fim, para *quem* distribuir sua gloriosa mensagem? Para todos. Mas conheça o seu eleitorado. Se passar por uma situação delicada com um colega de serviço, talvez seja importante esperar que ele o entenda melhor, antes de transmitir-lhe a sua mensagem. Talvez você a queira transmitir com certa regularidade e toda vez que interagir com alguém. Se sua relação anda bem com um colega, quem sabe não seja tão importante repetir a mensagem três vezes por dia, mas sim de modo esporádico.

Sua mensagem de relações-públicas o ajudará a articular seus pontos fortes, avaliar seu progresso e definir e descobrir seu legado profissional. É uma das muitas peças do quebra-cabeça que reforçam a sua imagem profissional. Lembre-se: multiplicar suas qualidades exige ter uma estratégia para comunicar quem você é.

Junte tudo

Seja seu próprio campeão! Agora é o momento de colocar as idéias em prática. À medida que trabalha durante a sexta semana, lembre-se de ficar concentrado em multiplicar suas qualidades e tornar nítida a sua mensagem. Você é especial e já está na hora de o mundo – ou pelo menos seus colegas – reconhecer isso. Pense no que torna você uma pessoa única. Obtenha o *feedback* de seu gerente e dos seus colegas de serviço, para ver se concordam com isso. Aja com base no autoconhecimento.

A seguir, seu guia para montar a agenda da semana. Decida o que precisará fazer na Semana 6 a fim de garantir que realçou as suas qualidades. Ao terminar a semana, e antes que você esteja pronto para o tão merecido fim de semana, empregue alguns instantes para recordar os dias que passaram. O que deu certo? O que você aprendeu? No que quer trabalhar ou o que deseja realizar na semana que vem?

Parabéns pelo término de sua sexta semana de trabalho!

Guia para a sua agenda da Semana 6

(Utilize este guia para montar a sua agenda e usá-la na sua sexta semana de trabalho.)

Para agendar a semana de __/__/____ a __/__/____

Objetivo geral: ponderar e identificar o que o diferencia dos demais

Aptidões Nadar ou Afundar	Ações desejáveis
1. Objetivos Definir suas aptidões e atributos exclusivos.	Iniciar minha lista de tarefas para a próxima semana. Pensar em meu legado profissional. Identificar o que faz de mim uma pessoa única. Como esse objetivo me ajuda a alcançar o êxito em meu trabalho ou na minha carreira?
2. Tempo Separar um tempo para ponderar e obter perspectivas sobre o que o torna uma pessoa única e o que está aprendendo em seu trabalho.	Separar um tempo em minha agenda para iniciar o processo de identificação do que faz de mim uma pessoa única. Ponderar sobre minhas aptidões de gerenciamento de tempo. O que pode ser melhorado para eu poder agir de modo coerente com minha mensagem de relações-públicas? Marcar uma reunião com meu gerente para pedir um *feedback*.
3. Conhecimento Identificar o que você conhece, determinar as áreas principais e estabelecer como aplicar seus conhecimentos ao seu trabalho.	Definir o quanto por vez a empresa e as pessoas podem assimilar os conhecimentos que compartilho. Para alavancar meus pontos fortes, contribuirei mais ativamente com minhas observações em vez de esperar que venham me perguntar.

4. Equipe Obter um *feedback* do seu desempenho e partilhar seus pensamentos, suas reflexões e suas idéias.	Avaliar como posso contribuir com a equipe por meio dos meus pontos fortes. Identificar quem, em minha equipe e entre meus colegas, precisa receber minha mensagem de relações-públicas com mais freqüência.
5. Imagem Trabalhar no desenvolvimento e na transmissão de sua mensagem pessoal de relações-públicas.	Agendar períodos para falar com um amigo de confiança e discutir o que acho de meus pontos fortes. Encontrar oportunidades informais para pedir um *feedback* de colegas de serviço. Encontrar três frases essenciais que captem aquilo pelo que desejo ser conhecido. Encontrar momentos oportunos para partilhar minha mensagem de relações-públicas.

Semana 7

Vá almoçar

"As coisas estão realmente acelerando. Um marco de um de meus projetos está se aproximando e eu quero me certificar de ter informações de todas as pessoas certas. Agora que estou pensando nisso, percebo que no começo eu conhecia de duas a três pessoas por semana; depois, fiquei tão ocupado com meus projetos que esse ritmo diminuiu. Pergunto-me se as pessoas que já conheci têm informações importantes sobre o meu projeto e se há outras que preciso conhecer. Em todo caso, provavelmente terei de voltar a contatar os conhecidos a fim de continuar mantendo o relacionamento."

Ao longo das primeiras semanas em seu novo emprego, você veio fazendo novos contatos, construindo relacionamentos com colegas de serviço e, com o passar do tempo, criando uma rede de relações. Sua rede de contatos desempenha um papel crucial na sua carreira, ajudando-o a trabalhar com mais eficiência, reunir as informações corretas, realizar seus objetivos e criar um ambiente de trabalho confortável. Na sétima semana, verifique sua evolução quando estiver desenvolvendo seus relacionamentos no trabalho e assegure-se de que está no rumo certo para construir uma rede de contatos sólida.

Semana 7	Objetivo geral: avaliar a eficácia de sua rede de contatos
Aptidões Nadar ou Afundar	**Atividades**
1. Objetivos	Verificar sua rede de contatos.
2. Tempo	Modificar o tempo da sua rede para fazer os contatos necessários.
3. Conhecimento	Determinar se você conhece as pessoas que detêm as informações certas.

4. Equipe	Examinar e reforçar o relacionamento com os membros de sua equipe.
5. Imagem	Determinar se suas aptidões de imagem estão no rumo certo para a criação de sua rede de contatos.

1. Objetivos

Pense em uma ocasião na qual foi apresentado a uma pessoa e vocês descobriram ter um amigo em comum. Com freqüência, especula-se que existem seis graus de separação entre você e qualquer outra pessoa no planeta. É verdade; tudo o que separa você, com uma xícara de café na mão, de um pastor tomando chá em algum lugar nas planícies da Mongólia são seis outras pessoas. Chegando mais perto de casa, o número de níveis de separação entre as pessoas diminui cada vez mais. Imagine quantos colegas de serviço separam você de qualquer pessoa de sua empresa. Talvez não muitos! Quanto mais gente você conhece, mais fácil inserir alguém no seu círculo de relacionamentos para obter algo necessário, caso essas pessoas tenham os recursos ou saibam de alguém que os tenha. Montar sua rede de contatos vai ajudá-lo a concluir seus trabalhos com muito mais facilidade.

Seu objetivo para a Semana 7 é garantir a continuação da montagem de sua rede de contatos. Defina sua rede atual, identifique as oportunidades para expandi-la e crie objetivos para aprimorá-la.

Quem você conhece?

O que é uma rede de contatos? Trata-se de uma teia de relacionamentos diretos e indiretos. Redes de contatos apresentam três níveis. O nível 1 é formado pelos relacionamentos diretos: família, amigos, colegas. São as pessoas com quem você tem contato direto. Podem também estar incluídas aquelas que você conhece apenas superficialmente ou mesmo colegas com os quais almoça uma ou duas vezes por ano. Imagine esse nível como seu círculo interno de pessoas e o conteúdo de sua rede de contatos.

No nível 2 encontram-se seus conhecidos, amigos dos seus amigos, gente com quem você não tem um contato direto. Por exemplo: você está almoçando numa festa e um de seus amigos menciona que almoçará na próxima semana com um amigo que é produtor em Hollywood. "Que emocionante...", você pensa. Conhecer alguém que conhece alguém de Hollywood. Quem sabe seja a hora de falar sobre aquela sua idéia fantástica para um roteiro. Agora você tem uma ligação com o mundo do cinema! Imagine esse segundo nível como o anel do meio de sua rede de contatos.

O nível 3 da sua rede compõe-se de pessoas com as quais você não tem nenhum tipo de relação e só conhece por meio de relacionamentos indiretos. Seria, por exemplo, como saber que esse amigo do seu amigo, o produtor de cinema, conhece sua atriz favorita. Caso você seja um desses tipos que adoram fazer alarde de quem conhece, pode agora afirmar que um amigo do seu amigo é amigo da atriz Fulana de Tal. Imagine esse terceiro nível como o anel externo de sua rede.

Como saber se sua rede de contatos é suficiente? Você tem acesso a uma ampla rede de indivíduos que detêm conhecimentos, recursos e, por sua vez, também conhecem uma ampla gama de pessoas? Caso você tenha apenas dois colegas de serviço com quem passa um tempo e conhece somente outras cinco pessoas de uma empresa que tem 250 funcionários, você precisa obrigar-se a conhecer mais pessoas. Se sua lista de companheiros potenciais à rede estiver limitada, crie relacionamentos com quem tiver redes de contatos mais amplas. Assim, você poderá ligar-se a essas redes (ou seja, contar com o nível 2).

Embora não exista uma quantidade predefinida de pessoas necessárias à eficácia da sua rede de contatos, recomendamos a montagem de uma que contenha mais de um indivíduo. Defina para si a força atual de sua rede de contatos.

- Identifique quantos membros de equipe e colegas de serviço você já conheceu.
- Quantas vezes você conversou com essas pessoas?
- Com quantos indivíduos, de dentro e de fora do seu trabalho, você pode entrar em contato rapidamente para pedir ajuda ou informações?
- Quais as especialidades ou os recursos que tem para compartilhar?
- Sua atual rede de contatos dá respaldo aos recursos e relacionamentos de que você precisa?
- Quem mais você precisa conhecer em sua empresa?
- Quais objetivos gostaria que sua rede de contatos o ajudasse a atingir?

Com base em suas respostas, qual seria a aparência da sua rede de contatos ideal? Como em qualquer processo de estabelecimento de objetivos, vamos definir os componentes de uma rede de contatos bem-sucedida, de modo que você possa elaborar um plano mais concreto para atingi-la.

1. Defina a aparência de sua rede de contatos bem-sucedida. Quantas pessoas você vai conhecer, dentro e fora da firma? Vai querer cinqüenta nomes com os quais poderá contar em qualquer instante para, por exemplo, pedir um favor? Sugerimos que você tenha como meta pelo menos dez pessoas de sua firma e dez de fora (cinco de ramos de atividade e profissões completamente diferentes). Monte uma rede abrangente conhecendo pessoas de fora de sua empresa, de seu ramo de atividade e de sua profissão.
2. O que você espera ouvir de um colega, para confirmar que sua rede de contatos está mesmo se desenvolvendo? Quando seu nome surgir em uma conversa, o que você gostaria de ouvir sobre suas aptidões para criar e desen-

volver redes de contatos? "Pergunte a ele sobre isso, ele conhece todo mundo."

3. Como seria para você ter uma rede de contatos fora de série? Sentiria que poderia contar com um amigo para um favor? Isso significaria sentir-se seguro caso pudesse pedir ajuda a um colega de serviço? Uma rede de contatos sólida significa que você pode confiar nos outros, mesmo que não sejam seus melhores amigos. Você não está só no mundo do trabalho; você tem ligações!

Obrigações não cumpridas

Assim que tiver definido a aparência de uma rede de contatos mais sólida, transforme seus planos em ações. Primeiramente, comece com a rede de contatos que já possui. Certifique-se de estar dedicando tempo ao cuidado de seus relacionamentos e lhes dando a atenção adequada. É mais fácil fortalecer um relacionamento do que criar um do zero. Também é mais fácil usar as pessoas de sua rede de contatos imediata para expandir seus relacionamentos do que tentar entrar em contato com completos desconhecidos. Caso você precise renovar e restaurar sua rede de contatos já existente, comece fazendo um acompanhamento de todas as obrigações que não cumpriu. Às vezes, há coisas que deixamos de lado em situações mais movimentadas. Na pressa de executar seu trabalho, duas semanas atrás, será que você não esqueceu de enviar à Maria aquele número de telefone que prometeu? Agora é a ocasião para pôr fim a todas as obrigações devidas e reforçar seus relacionamentos.

A seguir, aproxime-se daqueles com quem trabalhou ou que lhe deram assistência. Você conhece a sua lista de "itens importantes, mas não prioritários". Por exemplo, dar aquele telefonema para agradecer o Fulano de Tal pelo tempo que passou com você, duas semanas atrás, esclarecendo itens básicos sobre pecuária. Não deixe passar essas oportunidades. Além do mais, um telefonema só para dizer "obrigado" causará uma boa impressão.

Caso queira mesmo selar acordos e reforçar seus relacionamentos, pense sobre o que você pode fornecer, por iniciativa própria, às pessoas de sua rede de contatos. Você não deparou com uma matéria formidável, na semana passada, sobre cruzamento entre zebras e cavalos, que está tomando de assalto o campo da pecuária? O Fulano de Tal adoraria ler aquilo! Envie uma cópia para ele.

Mantenha-se sempre alerta em relação ao que você pode dividir com as pessoas de sua rede de contatos.

2. Tempo

Com base naquilo que examinou sobre seus relacionamentos atuais e seus objetivos quanto a criar uma rede de contatos mais sólida, organize seus horários de modo a ter mais tempo para ela. Montar uma rede de contatos não é uma atividade extracurricular; faz parte de seu trabalho. E é particularmente essencial que você, na qualidade de funcionário novo, crie relacionamentos com outras pessoas.

O mais importante vem na frente

Revigorar e expandir sua rede de contatos pode não parecer boa idéia, além de dar muito trabalho. Mas não precisa ser assim. Lembre-se de que os objetivos mais amplos podem ser divididos em objetivos intermediários se você criar uma lista de tarefas. Você percebe que, na verdade, basta retornar as ligações de duas pessoas para ter certeza de que elas têm todas as informações que você puder passar sobre os projetos delas, enviar cinco e-mails com os dados prometidos e mandar cinco convites para reuniões. A maior parte dessas tarefas pode ser concluída, quando muito, em meia hora!

Tão logo as tarefas tenham sido identificadas, certifique-se da existência de itens de ação específicos que você pode cumprir. Caso sua tarefa seja obter informações para seu projeto, crie, em sua lista de tarefas, itens de ação que incluam enviar um e-mail para João e para Maria a fim de verificar se podem encontrar-se na próxima semana. Assim que um item de ação estiver posicionado em sua lista de tarefas, ele se tornará uma preocupação a menos. Além do mais, já que está em sua lista de tarefas, é mais fácil concentrar-se nos instantes disponíveis entre um projeto e outro para enviar um e-mail ou dar um telefonema. Em pouquíssimo tempo, sua lista vai encolher e sua rede de contatos aumentar e se fortalecer.

Sejamos estratégicos: dê início a uma lista de tarefas baseada nas pessoas de sua rede de contatos que precisam de um retorno seu. Identifique aquelas com quem você simplesmente não tem conversado há algumas semanas. Elas precisam que você lhes forneça exatamente o quê? Quais recursos extras você pode oferecer espontaneamente? Montar essa lista não é demorado e deixará sua atenção concentrada nas ações específicas necessárias para restaurá-la.

Ao utilizar sua lista de tarefas, priorize as pessoas com as quais você precisa fazer um acompanhamento ou dar um retorno sobre algum assunto e depois veja com quem é necessário entrar em contato para esclarecer alguns pontos do projeto e com quem pode partilhar recursos. Não se esqueça: nunca é tarde para dar um retorno a alguém sobre algum assunto pendente. Encare os itens atrasados como prioridade de sua lista. Telefone. Mande e-mails. Apanhe a lista de tarefas e vá em frente!

Pausa para o almoço

É importante fazer uma pausa para o almoço. Almoçar com os colegas é uma forma excelente de fazer ligações entre pessoas. Também é uma oportunidade para sair do escritório se você marcar de encontrar alguém na lanchonete da firma, na padaria ao lado ou em um restaurante agradável, com um garçom pronto para agir. As reuniões de almoço, mais do que as salas de conferência ou as reuniões de escritório, também apresentam um grau menor de preocupação. Em uma estrutura mais social, a dinâmica muda; seus colegas de serviço se parecem mais com pessoas normais e menos com aqueles chatos corporativos que debatem os melhores aspectos da pauta da próxima reunião.

Encontros durante as refeições dão uma chance de passar um pouco mais de tempo em conversas mais amenas e conhecer as pessoas, ao passo que, em reuniões numa sala de conferências, a tendência é passar menos tempo com bate-papos e ater-se mais a itens da ordem do dia. Ir almoçar acompanhado é uma ótima combinação entre o cumprimento das exigências nutricionais diárias de um ser humano e o estabelecimento de relacionamentos no trabalho. Observação: para não correr o risco de prejudicar sua imagem e diminuir sua rede de contatos, atenha-se aos ditames das boas maneiras – utilize os talheres adequados, mastigue de boca fechada e mantenha os cotovelos fora da mesa.

Do mesmo modo, tomar café com um colega de serviço tem o mesmo efeito. Vocês estão longe do escritório, há alimentos disponíveis e ninguém está sofrendo com os sintomas de mau humor causados pelo baixo índice de açúcar no sangue.

Gerencie seu tempo com a rede de contatos

Conforme você prioriza a montagem e o reforço de sua rede de contatos e começa a arrumar em sua agenda tempo para andar em companhia de pessoas importantes, tenha em mente qual a finalidade do seu tempo para a rede de contatos: criar relacionamentos por meio de interações com indivíduos. Existem várias opções rápidas do que se pode fazer, como mandar um e-mail ou deixar um recado na secretária eletrônica. Essas atividades reforçam e montam sua rede de contatos.

Reuniões, em geral, tomam mais do nosso tempo. Sendo você novo no emprego, é uma ótima idéia apresentar-se espontaneamente para as reuniões e mesmo perseguir aquelas que aparecerem na sua frente. Cada reunião se constitui numa oportunidade para conhecer pessoas, aprender sobre a empresa e saber mais sobre projetos específicos.

À medida que o tempo passa, você deverá participar de menos reuniões e dispensar mais tempo aos seus projetos específicos. Ficará ocupado no decorrer da semana e sua agenda não terá lugar para uma quantidade exagerada de reuniões. Haverá pouco tempo de sobra para o trabalho e você não quer concluir seus projetos durante períodos mais sossegados, como antes e depois do expediente, nem levar serviço para casa. Use essa estratégia para definir de quais reuniões participar.

3. Conhecimento

Ter uma rede de contatos eficaz significa poder apanhar o telefone ou enviar um e-mail a um de seus colegas sabendo que certamente vai obter uma resposta a uma dúvida ou um recurso de que precisa. Algumas das perguntas da seção Objetivos deste capítulo diziam: com quantos indivíduos você pode entrar em contato rapidamente para pedir ajuda ou informações? Quais as especialidades ou os recursos que tem para compartilhar? Nesta seção, observe mais atentamente essas perguntas e avalie a sua rede de contatos tendo como ponto de vista os conhecimentos que ela apresenta e as especialidades ou os recursos que pode acrescentar a ela.

Afinal de contas, o que seus amigos sabem?

Pense nas diferentes áreas de especialização que cada pessoa em sua rede de contatos apresenta. Quem está de posse de quais informações? Ao analisar sua rede, você pode descobrir, por exemplo, que Maria tem grandes aptidões para a pesquisa. Ela pode lhe fornecer qualquer tipo de informação de que você precisar, desde a mais recente legislação governamental sobre produtos na França até as preferências gastronômicas do vice-presidente do seu departamento no almoço. Beto conhece todo mundo no meio financeiro e consegue arrumar rapidamente uma ordem de compra processada. Joana conhece os manda-chuvas do meio acadêmico e sempre está a par das previsões econômicas mais recentes para o ramo de atividade da sua empresa.

Pense em sua rede de contatos. Você tem as Marias, os Betos e as Joanas necessários? Que outro tipo de conhecimento lhe seria útil? Por fim, quem você precisa conhecer para se certificar de que tem as pessoas certas, com as informações certas, como parte da sua rede de contatos? Eis aqui as etapas para ajudá-lo:

1. Enquanto você examina as semanas anteriores, que informações ou conhecimentos detectou serem necessários para fazer seu trabalho? Que informações você possui e que tipos de informação pedem o uso de sua rede de contatos?
2. Quem você conhece e quem essas pessoas realmente conhecem? Examine sua rede de colegas de serviço. Eles foram de ajuda quando você precisou? São detentores das informações corretas?
3. Quem mais você deve conhecer para conseguir informações, conhecimentos ou acesso adicionais? Que pessoas seus colegas conhecem às quais seria vantajoso você ser apresentado?

Essa avaliação é um exercício importante, pois proporciona um retrato realista do que se pode esperar de sua rede de contatos atual. Além disso, ajuda você a ponderar sobre a direção para a qual deseja expandir a sua rede. Pense desta maneira: seus amigos estão em sua vida por algum motivo específico. Vocês saem juntos nos fins de semana e passam o tempo falando sobre teorias profundas ou em conversas bobas. Esses encontros são divertidos e têm uma finalidade social.

A criação de sua rede de contatos tem um propósito muito mais intencional. Você está em sua empresa, assim como seus colegas de serviço, para ganhar a vida e desenvolver uma carreira. Sua rede de contatos tem uma finalidade: ser funcional. Se ocorrer de você e seus colegas de serviço ultrapassarem o nível profissional porque partilham muitos pontos em comum, isso é um bônus. Por isso, não se encabule por ter de avaliar quem você conhece e a utilidade de conhecer esta ou aquela pessoa. Isso não quer dizer que você se livrou de seus antigos colegas de serviço e arranjou novos só porque os antigos não têm mais serventia. Significa, sim, que você mantém sua rede de contatos com os colegas que já fazem parte dela e está continuamente criando novos relacionamentos.

A apresentação apavorada

Agora que definimos as vantagens de começar a conhecer mais pessoas, com quem você vai querer estabelecer contato e como agirá para isso? Inicie uma conversa, consiga que o apresentem e comece uma aproximação. Se tiver uma lista daqueles que deseja conhecer, ótimo. Envie-lhes um e-mail convidando-os para uma reunião ou almoço e diga, de maneira específica, por que deseja conhecê-los. Por exemplo: "Oi, Joana. Soube que você está sempre por dentro das previsões econômicas mais recentes. Que tal almoçarmos juntos? Gostaria de saber mais sobre suas opiniões a respeito das previsões para o próximo ano, já que estou montando uma proposta para um projeto novo". Caso não tenha uma lista pronta, pergunte a seu gerente ou aos membros de sua equipe quais pessoas seriam interessantes você conhecer para auxiliar em seu trabalho.

Não esqueça de que é um novato; aproveite a chance para apresentar-se enquanto estiver pelos corredores, indo de um local a outro. Apresente-se e descubra mais sobre a outra pessoa. Use sua imagem e, em especial, suas aptidões de comunicação para criar afinidade. Faça perguntas de modo a criar um relacionamento e saiba mais sobre a outra pessoa. Quem sabe você possa até contar-lhe acerca de seu projeto e perguntar se conhece alguém com as informações que procura.

4. Equipe

Certifique-se de possuir um relacionamento de trabalho consistente com as pessoas da sua equipe. Na sétima semana, quando você sair para almoçar, tenha em mente que vai precisar manter o companheirismo com essas pessoas. Sua equipe é mais ou menos como sua família. Em toda família é importante manter os canais de comunicação abertos. Para ter certeza de que os relacionamentos na sua equipe são saudáveis e andam bem, examine suas relações com cada um dos componentes. Identifique quais pontos pedem prioridade e com quem é necessário empenhar-se mais, e reforce também seus relacionamentos por meio de atitudes específicas. Por fim, examine onde existem as oportunidades para fazer as vezes de treinador.

Examine seu relacionamento com sua equipe

Na Semana 6, você recebeu *feedbacks* e idéias imprecisas de alguns dos membros de sua equipe sobre seu desempenho. Provavelmente os companheiros a quem solicitou essas informações são aqueles em quem você confia e com quem desenvolveu um bom relacionamento de trabalho. Na semana 7, observe com atenção seus relacionamentos com todos os membros de sua equipe.

Enquanto os examina, leve em conta o tipo de equipe da qual você participa. Há objetivos em comum? Existem interdependências nas quais todos sofrem as conseqüências caso um deixe a peteca cair? Procure entender os objetivos e as dependências mais abrangentes do grupo e reforce os relacionamentos com seus membros.

Embora seu objetivo geral seja ter relacionamentos de trabalho mais fortes com toda a equipe, você deverá identificar pessoas especiais, essenciais, que justifiquem sua atenção. O nível de interdependência que você tem com certos membros determinará o grau de atenção necessária para desenvolver relacionamentos mais sólidos.

No momento em que você examinar as interdependências e começar a priorizar os relacionamentos de sua equipe, aprofunde-se e observe mais de perto algumas das dinâmicas de seus relacionamentos com seus companheiros. Temos aqui algumas perguntas para medir o grau necessário de sua atenção com seus colaboradores. Quando responder a elas, pense tanto na equipe como um todo quanto nos indivíduos "especiais".

- Os membros de sua equipe interagem de forma gentil e educada?
- Mostram-se à vontade, ou quem sabe um tanto ameaçados por você e pelas aptidões que trouxe para a equipe?
- Quando você pediu ajuda e informação nas semanas anteriores, seus companheiros demonstraram vontade de ajudar?
- Quando você solicitou *feedback*, na Semana 6, seus companheiros foram acessíveis e demonstraram vontade de oferecer seu tempo e suas opiniões?
- Em eventos sociais durante e após o trabalho, sua equipe se esforçou em convidá-lo?

Esperamos que você esteja na direção certa para desenvolver relacionamentos ótimos com seus companheiros. No entanto, não fique decepcionado caso haja alguns com quem não se dê tão bem. É normal existirem indivíduos que o incomodem ou se sintam incomodados por você. Isso não quer dizer que deva evitá-los. Mesmo um sujeito ranzinza, mal-humorado e incompreendido como o Sicrano, lá no fundo da sala, precisa de um pouco de amor. Às vezes, para reduzir o atrito e criar um relacionamento mais satisfatório, bastam alguns poucos cutucões gentis e oportunos para a pessoa sair da concha.

Seu plano para fortalecer seus relacionamentos

Agora que você observou mais de perto a experiência social chamada "sua equipe" e a forma como se relaciona com os outros assuntos, pode desenvolver um plano claro sobre onde e como fortalecer essas ligações da equipe. Mesmo se seus relacionamentos já forem bons, certifique-se de conservá-los assim, identificando maneiras de mantê-los sólidos.

Caso alguns relacionamentos precisem de um pouco mais de carinho e atenção, por não ser lá tão bons, faça um esforço combinado para levá-los a um nível em que não haja xingamentos, telefonemas irritados tarde da noite nem vírus especialmente enviados à sua caixa de mensagens. Se você fizer parte de uma equipe altamente independente, é muitíssimo importante aparar as arestas dos relacionamentos. Elabore um plano para fortalecer essas relações.

Inicie o seu plano com o "quem". Identifique, em sua equipe, com quem você precisa desenvolver relacionamentos mais satisfatórios. Comece resolvendo todos os itens atrasados e pendentes. Foi algo que aconteceu ao rabugento do Sicrano e que jamais ficou acertado, como aquela vez em que você se esqueceu da reunião e nunca pediu desculpas? Fica impossível criar relacionamentos sólidos sobre lembranças de assuntos mal resolvidos. Para que vocês caminhem de mãos dadas na direção do pôr-do-sol, será preciso descascar todos os antigos abacaxis.

Agora que você veio à superfície e resolveu os assuntos passados, concentre-se no futuro e em formas de evitar problemas potenciais. Em vez de reclamar à outra pessoa sobre o comportamento dela ou continuar fazendo algo que a incomoda, esclareça o que pode ser feito de maneira diferente. Defina quais ações específicas você pode efetuar para melhorar o relacionamento. Que solicitações poderiam ser feitas a seus companheiros a fim de criar um relacionamento mais produtivo? Com quais comportamentos novos você quer se comprometer?

Essas idéias e planos que você está desenvolvendo para fortalecer seus relacionamentos são ótimos e sofisticados. Contudo, até você fazer algo a respeito deles, não haverá vantagem nenhuma.

Escolha momento e lugar adequados para um diálogo com seus companheiros mais difíceis de lidar. Certifique-se de que a conversa ocorrerá em um local apropriado. Despejar suas reclamações sobre um membro de equipe só contribui para piorar o relacionamento. Peça ao colega que o procure para almoçar ou encontre tempo para se verem fora do escritório; então, pergunte se ele tem um minuto para bater papo, pois você tem algo que gostaria de lhe falar. Se necessário, dirijam-se a alguma sala onde possam conversar em particular.

Comece a treinar

Um treinador é alguém que ensina e dirige uma pessoa ou um grupo de pessoas por meio de incentivos, dicas e estímulos do raciocínio. Costumamos pensar em treinador como alguém que tem alguma ligação com os esportes. Temos visto, porém, que a capacidade de treinamento vem rapidamente se transformando, no mundo empresarial, em uma aptidão interpessoal que se espera das pessoas.

Os funcionários esperam, como parte de seu desenvolvimento pessoal e profissional, ser treinados pelo gerente. Há ocasiões em que os empregados até treinam os próprios gerentes como forma de gerenciamento.

Além disso, a prática do treinamento vem-se estendendo, e pode ser observada entre gerentes, membros de equipe e colegas de serviço, treinando-se uns aos outros. O que isso significa para você? Seja o treinamento reconhecido ou não como uma aptidão ou uma prática na sua empresa, você precisa ser um treinador e ter aptidões de treino eficazes.

Eis aqui algumas diretrizes de treinamento:

1. Em vez de fornecer informações não solicitadas ou não requisitadas, ofereça suas opiniões ou sua assistência. Algumas pessoas pedirão explicitamente sua ajuda, outras não. Não queira ultrapassar certos limites com seus companheiros. Se identificar uma oportunidade para auxiliar um colega, pergunte se ele aceita sua ajuda. Se você for um gerente, precisa dar treinamento com freqüência aos seus funcionários.
2. Não importa que relacionamento você tem com uma pessoa, sempre exponha seus pensamentos sob forma de perguntas. Isso dará ao outro a opção de seguir sua dica. Em alguns momentos, por você ter perguntado, a pessoa dá a própria resposta por ser aquela com a qual ela está mais comprometida. A diferença entre fornecer dicas sob forma de afirmações (como "Se quiser mudar sua imagem, vista um paletó") e sob forma de perguntas (como "O que você pode fazer para a sua imagem ter um aspecto mais profissional?") é fundamental. O poder do treinamento eficiente reside em ajudar os outros a identificar e assumir as novas informações ou mudanças reconhecidas por ele mesmo.
3. Opções para formular suas perguntas:
    a. Em aberto: "De que maneira você pode obter mais exatidão em seus relatórios?".
    b. Ofereça sua opinião na forma de uma pergunta: "Você já pensou em pedir ajuda ao departamento Financeiro?".
    c. Se alguém pedir seu conselho, dê uma opinião e, em seguida, peça uma: "Acho que você deveria apanhar o relatório e verificar os números com alguém do financeiro, porque eles sabem fazer isso melhor do que nós. O que você acha?".

Na maior parte do tempo, quando você estiver treinando alguém, mantenha suas questões em aberto (exemplo 3a) ou dê a sua opinião na forma de uma pergunta (exemplo 3b). Mas, se você é do tipo que tem respostas para qualquer problema e não consegue deixar de propor suas soluções, transmita-as com a entonação de uma pergunta e veja o que o outro pensa (exemplo 3c). Ao empregar perguntas, você camufla saber o que deve ser feito. Assim, a sugestão é adotada pelos outros e você ficará parecendo alguém menos intrometido e mais útil.

O importante é sua conversa levá-lo a algum lugar. Seja a identificação de uma nova idéia ou de onde obter um recurso em falta, seja ajudar alguém a mudar de atitude, o treinamento eficiente traz resultados positivos. Tanto faz se a pessoa se saiu bem no contato entre vocês; esteja certo de que ela se foi com algo na mente, para pensar a respeito ou, mais importante, para fazer de forma diferente.

Tente levar a outra pessoa a assumir o compromisso de deixar que você a acompanhe nesse processo de mudança ou comprometa-se você mesmo a acompanhá-la. Mesmo num diálogo rápido, defina uma data ou um horário para continuarem. Observar, depois, o desfecho de uma conversa é uma boa aptidão para criar relacionamentos. Fazer um acompanhamento demonstra que você se interessa pela pessoa e pelos resultados dela.

O treinamento eficaz se concentra no desempenho e em resultados palpáveis e, de modo geral, fundamenta-se em mudanças de comportamento. Um dos maiores desafios à visão do treinamento tradicional é o tempo. O ritmo de um ambiente de trabalho é constante e inflexível. Com freqüência, acredita-se que o treino é um procedimento formal, que exige uma conversa em profundidade. De fato, em todo lugar à sua volta existem oportunidades de treino no decorrer do dia. Não se deve entender o treinamento como uma tarefa, e sim como um conjunto de aptidões que podem ser postas em prática em muitas de suas interações. Você se transforma em um participante de equipe mais forte ao demonstrar suas aptidões de treinamento, ajudando seus companheiros a resolver problemas.

5. Imagem

Na Semana 6 você separou um tempo para identificar, modelar e praticar sua mensagem de relações-públicas. Na sétima semana, afiar suas aptidões de imagem envolverá um certo exame para confirmar se essas mensagens estão acertadas e direcionadas corretamente e se você está conhecendo as pessoas certas. Olhe no espelho para certificar-se de que sua imagem está reforçando os relacionamentos que está tentando montar.

Com quem você anda

À medida que você cria sua rede de contatos, tenha em mente que, para navegar com êxito entre os aspectos políticos de seu novo emprego, é preciso prestar atenção às pessoas com quem anda. Em sua situação de funcionário novo, desenvolvendo e transmitindo sua imagem, é importante que seus relacionamentos reflitam a imagem que você deseja criar. Algumas pessoas na empresa podem não ter uma fama tão ilustre, e não convém que sua imagem seja associada a elas. Na medida do possível, esteja ciente de como suas associações influenciam a forma como você é visto. Como em qualquer ambiente social, vale a máxima "diga-me com quem andas e te direi quem és".

Tire conclusões próprias, com base em sua experiência direta. Você não vai desejar ver-se em um atoleiro político de boatos e acusações. Cada relacionamento apresenta um valor. Gerencie-os de acordo com esse valor. Seja esperto. Embora muitas pessoas possam não ter uma reputação das melhores, isso não quer dizer que você deve se afastar completamente delas. Em sua rede de contatos, os conhecidos têm tanto valor quanto os amigos íntimos. Talvez, mais adiante, vocês tenham de trabalhar em conjunto ou um dia uma dessas pessoas se torne seu chefe. Mantenha suas pontes desobstruídas e sem risco de incêndios.

Sua magnífica mensagem de relações-públicas

Sua mensagem de relações-públicas vem recebendo o impulso desejado ou está escorregando tanto quanto sabonete em chão molhado? Tenha ela o impacto que você estiver tentando alcançar ou mereça um ajuste, o mais importante de tudo é que você esteja adquirindo o hábito de partilhar sua mensagem ou de lançar as palavras essenciais que dão respaldo a seus valores e à imagem desejada, sempre que tiver chance.

Até você dominar a técnica de relações-públicas pessoal leva algum tempo, e produzir a mensagem perfeita acontece conforme você afia suas palavras e pratica sua forma de transmissão. Não se preocupe em obter uma redação totalmente correta antes de partilhar sua mensagem. Seus colegas de serviço ainda não sabem pelo que você deseja ser conhecido. A seguir, algumas dicas que o ajudarão a garantir que sua mensagem esteja sendo enviada e ouvida corretamente.

Verifique sua atitude – Sua mensagem deve dar respaldo às suas emoções. Se ela se baseia em criar relacionamentos, mas sua atitude soa um tanto agressiva, quem sabe você tenha de ficar mais relaxado e comunicar um comportamento mais tranqüilo.

Acredite em sua própria mensagem – As pessoas o ouvirão se você acreditar no que estiver dizendo.

Compartilhe a mensagem – Transmitir sua mensagem de relações-públicas talvez seja uma experiência inédita. Como em qualquer novidade, pode soar inoportuna a princípio. Depois de algum treino, ela sairá espontaneamente dos seus lábios.

Reflita sobre suas interações

Durante as seis semanas mais recentes, sua imagem vem passando por uma evolução. Algumas de suas mudanças podem ter sido significativas; outras foram aperfeiçoamentos sutis em uma máquina já bem azeitada. Você desenvolveu sua imagem com base em seu novo ambiente de trabalho, em seus objetivos profissionais e num discernimento adicional do que deseja projetar. Pense nas interações que teve com os membros de sua equipe e colegas de serviço nessas seis semanas. Como elas se deram? De que modo elas mudaram conforme sua imagem evoluiu? Uma imagem eficaz dá respaldo à sua aptidão para relacionamentos produtivos com seus colegas e expande sua rede de contatos continuadamente.

Eis algumas perguntas para iniciar seu processo de reflexão:

- As pessoas são acessíveis e fáceis de encontrar?
- As reuniões são um momento de interação social ou estritamente profissionais?
- Seus colegas estão cientes de suas aptidões ou habilidades?
- Nas reuniões, as pessoas escutam quando você diz algo?
- Você obteve algum *feedback* relativo à sua imagem? Em caso afirmativo, existe alguma modificação que você deva fazer?

Com base em suas respostas, você pode acertar sua mensagem de relações-públicas e outros elementos de seu estilo de comunicação. Algumas das modificações que fizer vão fundamentar-se na cultura da empresa. Outras mudanças podem ser mais inerentes ao seu estilo de comunicação. Caso você descubra que as pessoas têm a tendência de não escutá-lo e de interrompê-lo, verifique se você não está se estendendo demais nos assuntos. Será que seus colegas de serviço não estão morrendo de uma forma lenta e torturante ao ouvi-lo e, por serem gentis demais para dizer algo, simplesmente o interrompem? Afinal, você não quer passar pela experiência de ver as pessoas revirando os olhos quando você abrir a boca, porque sabem como ouvi-lo será terrível. Você conhece o tipo, e não quer ser um deles, não é mesmo?

É essa coisa que você faz

Mexer no rosto, coçar a nuca, falar muito alto, bocejar com freqüência, chacoalhar a perna ou tamborilar os dedos. Cada um de nós possui um hábito irritante, que pode agir como desabono para a nossa desejada mensagem de relações-públicas. Imagine um colega perdendo a concentração enquanto você tenta transmitir sua mensagem de se ater aos pormenores e, ao mesmo tempo, tira uma cutícula perdida da unha. Será que eu tenho, de fato, hábitos com o potencial de distrair os outros? Claro que tem. Todos temos. Não finja que não sabe do que estamos falando.

Já houve muita gente à sua volta que, ao longo dos anos, reclamou de algum hábito seu que incomodava: uma figura paterna ou materna, alguém importante na sua vida, amigo ou antigo colega de serviço. Se não consegue se lembrar de nada, tome a iniciativa de encher-se de coragem e perguntar a um amigo ou colega de confiança. À medida que você pondera sobre suas interações e como entende as pessoas, preste atenção ao que pode fazer de maneira diferente. Certifique-se de que as pessoas queiram estar por perto e queiram se relacionar com você. Não deixe que esses "detalhes" afastem seus companheiros.

Gostamos de retornar a experiências agradáveis. Como tornar mais agradável a experiência para os outros quando estiverem interagindo com você? Como você pode usar sua comunicação verbal e não-verbal de modo mais eficaz para construir relacionamentos?

Sinais verbais e não-verbais

Sua comunicação não-verbal engloba sua aparência, linguagem de corpo e tom de voz. Certifique-se de estar trajado de maneira apropriada ao local de trabalho. Passaram-se seis semanas desde que entrou nesse emprego e você já percebeu como as pessoas se apresentam fisicamente. Você se esqueceu de tomar banho depois de passar na academia no horário de almoço? Não quer que um campo de força invisível o afaste de pessoas e atraia os insetos, não é?

Tenha certeza de que sua linguagem corporal é aberta e convidativa. Uma linguagem corporal fechada se comprova quando você não se levanta para cumprimentar quem entra em seu escritório – principalmente se ficar de braços cruzados e testa franzida.

Uma linguagem corporal aberta é convidativa e agradável para quem está por perto. Você cumprimenta as pessoas com um sorriso caloroso e até mesmo com um aperto de mão, se for adequado. Nas reuniões, você se senta com o corpo inclinado na direção da conversa e tem uma expressão agradável no rosto, revelando estar feliz e envolvido.

Seu tom de voz causa uma impressão e tanto aos outros. Se soar irritado, zangado ou sarcástico, não transmitirá uma boa imagem. As pessoas querem ter com você uma conversa viva e envolvente. Assegure-se de que o tom da sua voz reflita isso.

Por fim, no caso das comunicações verbais, diga o que sente e sinta o que diz. Deve haver coerência entre seus sinais verbais e os não-verbais. Utilize palavras que reflitam um humor positivo. Lembre-se: ninguém quer ficar perto de alguém que reage ao mundo com a visão de que "um copo com água pela metade está 'meio vazio'"; as pessoas estão mais interessadas em ouvir que o copo está "meio cheio". Querem escutar suas idéias a respeito de soluções, não queixas. Tenha certeza de que suas interações verbais com as pessoas estejam preenchidas com uma linguagem positiva, que saliente a forma como você pode ajudar e as idéias que tem para as soluções.

Essa combinação intencional e positiva de comunicação verbal e não-verbal vai reforçar a imagem que você quer retratar. A criação de sua rede de contatos ficará bem mais fácil se as pessoas tiverem experiências agradáveis ao interagir com você.

Junte tudo

Agora é o momento de colocar as idéias em prática. À medida que trabalha na Semana 7, lembre-se de ficar concentrado em suas aptidões de rede de contatos a fim de montar uma rede sólida. Sua habilidade para criar conexões é um dos segredos para seu sucesso. Transforme isso em prioridade e separe um tempo para executá-la.

Acompanhe, a seguir, o guia de sua agenda para a semana. Insira o que precisará fazer na Semana 7 a fim de garantir a ativação de suas qualidades. Ao terminar a semana, e antes que você esteja pronto para o tão merecido fim de semana, empregue alguns instantes para recordar os dias que passaram. O que deu certo? O que você aprendeu? No que quer trabalhar ou o que deseja realizar na semana que vem?

Parabéns pelo término de sua sétima semana de trabalho!

Guia para a sua agenda da Semana 7

(Utilize este guia para montar a sua agenda e usá-la na sua sétima semana de trabalho.)

Para agendar a semana de __/__/____ a __/__/____

Objetivo geral: avaliar a eficácia de sua rede de contatos

Aptidões Nadar ou Afundar	Ações desejáveis
1. Objetivos Verificar sua rede de contatos.	Definir minha rede atual, identificar as oportunidades para expandi-la e criar objetivos para aprimorá-la. Identificar colegas de serviço aos quais preciso me apresentar ou conhecer. Agendar horários para almoçar com meus colegas de serviço.
2. Tempo Modificar o tempo da sua rede para fazer os contatos necessários.	Arrumar meus horários de modo a ter mais tempo para montar uma rede de contatos. Iniciar minha lista de tarefas para a próxima semana.
3. Conhecimento Determinar se você conhece as pessoas certas que detêm as informações certas.	Certificar-me de que conheço as pessoas que possuem as informações de que necessito. Avaliar minha rede de contatos tendo como ponto de vista os conhecimentos que ela apresenta e as especialidades ou recursos que quero acrescentar a ela.
4. Equipe Examinar e reforçar o relacionamento com os membros de sua equipe.	Examinar meu relacionamento com os membros de minha equipe. Com quem preciso falar a fim de deixar tudo às claras? Para eu estar certo de que as coisas com minha equipe são saudáveis e andam bem, devo examinar minhas relações com cada um dos componentes.

5. Imagem Determinar se suas aptidões de imagem estão no rumo certo para a criação de sua rede de contatos.	Certificar-me de que minhas mensagens verbais e não-verbais estão sendo entendidas de acordo com minha intenção. Reencontrar aqueles com quem tenho obrigações não atendidas. Praticar minha mensagem de relações-públicas.

Semana 8

Trace suas coordenadas

"Ando empenhado em meus projetos, porque me parecem desafios e são divertidos. O tempo continua passando muito depressa. Nem acredito que estou nesse emprego há dois meses. Quando comecei, tinha ambições e objetivos sobre onde desejava estar nessa firma daqui a dois anos. Defini como meta ser promovido em, talvez, um ano. Parece que o processo de promoções é bastante estruturado. Fico imaginando se minhas ambições foram realistas demais. Fiz grandes esforços no sentido de realmente vasculhar essa empresa. Quanto mais descubro, mais gosto. E, conforme vou aprendendo, também estou pensando que podem haver outras oportunidades além de uma promoção."

Nas semanas anteriores você se empenhou no trabalho, prestando atenção nas exigências imediatas de seu serviço e garantindo o necessário para seu sucesso. À medida que o tempo continua correndo, mantenha o foco nas atuais demandas de seu serviço. No entanto, a fim de garantir sua permanência no rumo certo, é preciso ampliar seu ponto de vista e dirigir sua atenção para o futuro.

Você já se encontra bastante adiantado no processo de vasculhar seu novo ambiente de trabalho, e é importante traçar as coordenadas a fim de se certificar de que o curso no qual você está o leva na direção certa. Olhe na direção do horizonte e defina seus objetivos para os próximos seis meses. Vasculhe com atenção, busque as tendências potenciais do ambiente profissional e procure equilibrar os objetivos de hoje com as oportunidades de amanhã.

Semana 8	Objetivo geral: olhar o seu horizonte
Aptidões Nadar ou Afundar	**Atividades**
1. Objetivos	Planejar e identificar seus objetivos para seis meses.
2. Tempo	Priorizar seus projetos em conjunto com seus objetivos.
3. Conhecimento	Identificar tendências ou informações que causarão impacto sobre você, seu trabalho e sua profissão.
4. Equipe	Compartilhar informações com a equipe, de modo a ajudar a enxergar o futuro e trabalhar a favor dele.
5. Imagem	Combinar sua imagem aos seus objetivos futuros.

1. Objetivos

Nossa! Você está encerrando seus primeiros dois meses no emprego! Não é incrível como o tempo voa? Num instante você está entrando na empresa e no seguinte almoçando com alguém de grande influência na firma. Você está no caminho de mostrar para as pessoas ao seu redor seus talentos e suas habilidades em produzir resultados.

Durante as oito semanas passadas, você centrou seus esforços para alcançar sucessos imediatos, demonstrar suas aptidões e criar relacionamentos. Agora que começou a erguer os alicerces, está na hora de pensar nas oportunidades empolgantes do seu futuro. Sim, você tem escolhas! Tem um menu de carreira potencial e opções de trabalho à disposição.

Você foi esperto ao tomar profunda consciência do seu ambiente e ao perceber os pormenores de como o trabalho se dá e como as pessoas se comunicam; e talvez tenha vislumbrado como se parecem os degraus da escada de carreira da empresa. Você observou os tipos de projetos assumidos pelos membros de sua equipe e já começou a enxergar futuras oportunidades que possam interessá-lo.

Agora que você está no emprego há dois meses, pense sobre onde você quer estar daqui a seis. Para estimular seu apetite, imagine os projetos nos quais quer estar envolvido, as novas aptidões que deseja desenvolver ou outros interesses que tem em vista. O tempo voa e você quer se certificar de possuir a estratégia certa a fim de fazer e obter o máximo nos próximos meses.

O que você quer?

Em primeiro lugar, defina claramente o que deseja antes de colocar seus pés na areia e dar os passos iniciais rumo ao futuro. Embora soe simplista, você ficaria surpreso ao descobrir quantos indivíduos não identificam o que querem. É fácil trabalhar dia após dia mudando a rota conforme surgem os obstáculos e as oportunidades, ficar meses ou até mesmo anos seguindo um futuro que se mostrou generoso ou, quem sabe, um destino que poderia ter sido melhor. Seu futuro não deve ser uma série de eventos aleatórios, e sim o resultado da definição de uma direção clara para realizar o que deseja. Felizmente, você já optou por não sucumbir a um futuro de resultados aleatórios.

Com base no que observou na nova empresa, estabeleça o que gostaria de realizar ao longo de seis meses. Comece se perguntando o seguinte:

- Existe alguma tendência ou evento surgindo e que pode influenciar seu ramo de atividade, sua empresa, seu departamento ou sua profissão?
- Em que tipos de projeto quer trabalhar?
- Que novas responsabilidades gostaria de assumir?
- Que aptidões ou conhecimentos novos gostaria de desenvolver?
- Que novos relacionamentos gostaria de estabelecer?

Depois de ter identificado seu objetivo, é preciso que responda a uma pergunta importante: por que você quer isso? Digamos que seu objetivo seja estar em um projeto de alto padrão, que ajude seu departamento de *marketing* a encontrar um novo público para uma linha de produtos já existente. Esse projeto vai motivá-lo? Pense a respeito. Participar desse projeto vai fazer com que você se exponha aos líderes da empresa, vai obrigá-lo a desenvolver um raciocínio estratégico e aptidões de pesquisa e, quem sabe, dar-lhe uma oportunidade de promoção. Cada um desses itens vai motivá-lo?

Entender por que você quer algo lhe oferece duas coisas importantes: uma força que o impulsiona enquanto trabalha pelo seu objetivo e o sentimento de satisfação ao atingir seu objetivo.

Quando você sabe o porquê de querer realizar um objetivo, permanece motivado, e, quando os desafios surgirem, é fácil lembrar a si mesmo os motivos de estar trabalhando com tal afinco. Há metas que exigem muitas horas de trabalho e sacrifício da sua vida pessoal. Mas você não vai querer pensar em suas realizações questionando se o trabalho árduo e o sacrifício valerão a pena, não é?

Entender os porquês de seus desejos pode exigir que você examine seus motivos mais íntimos. Uma boa maneira de fazer isso é diferenciando seu interesse da sua posição. Sua posição sobre um assunto é o que você deseja superficialmente. Seu interesse é o desejo fundamental por algo que está instigando a sua posição. Por exemplo, se alguém pede para ser promovido, está expressando uma posição desejada. Se você cavar mais fundo e perguntar as vantagens disso, descobrirá que essa pessoa quer mais responsabilidade, um cargo maior ou um aumento de salário. Eis aí os interesses subjacentes a esse desejo.

À medida que você examina seu objetivo para daqui a seis meses, pergunte-se: "Se eu obtiver o que desejo, o que ganharei? Qual é o meu interesse mais íntimo sobre isso?".

Por fim, no momento em que tiver esclarecido seu objetivo e por que o deseja, a etapa seguinte e mais óbvia é definir o sucesso.

Como você saberá que o alcançou? Se não souber a aparência de seu destino final, talvez passe pela bandeira de chegada sem vê-la. Examine seu objetivo para daqui a seis meses e defina como serão a aparência e a sensação do sucesso que você alcançará.

Planeje seu objetivo

Você está evoluindo! Conforme estabelece seu curso, é importante conduzir-se rumo ao seu futuro. Definir o que deseja não é tão simples quanto dizer "Quero participar de um projeto que me dê uma promoção em seis meses". É preciso ser mais detalhista do que isso. Agora que você estabeleceu seu objetivo, por que o deseja e os critérios para o seu sucesso, é preciso colocar um plano em prática. Seu plano tem de incluir um cronograma, tarefas e marcos. Deixe seu objetivo mais gerenciável dividindo-o em partes menores.

1. Defina os marcos para seu objetivo. Isso permite que você melhore a gerência de sua evolução e mantenha a direção.
2. Registre seus marcos em sua agenda.
3. Utilize sua lista de tarefas para anotar semanalmente o(s) item(ns) de ação exigido(s), de modo a atingir seus marcos. Isso garante que você se manterá na trilha rumo a seu(s) objetivo(s), e a cada semana poderá recapitular o que já completou.

Recursos

Você tem o objetivo. Está criando o plano e agora chegou o momento de determinar quais os recursos necessários para atingir o sucesso. Os recursos de que você vai precisar a fim de alcançar com êxito o seu objetivo dependerão do próprio objetivo. Pense com cuidado no que você precisa antes de lançar a sua meta. Defina com clareza os recursos necessários, onde e como obtê-los e quando precisará deles. Seja realista, flexível e criativo para assegurar que tem os recursos exigidos. A luta por eles pode ser reprimida pelas limitações de recursos da empresa, por falta de oportunidades e até mesmo pela escassez de tempo. Você não quer que seu objetivo seja detido na base de lançamento. Trace as coordenadas dos recursos de que vai precisar e identifique alternativas de recursos potenciais. Dependendo dos tipos de projeto nos quais deseja ser envolvido, você poderá ter de desenvolver novas aptidões, conhecer pessoas e até mesmo propor um orçamento de projeto.

Agora que você identificou os recursos de que precisa para chegar a seu objetivo, é hora de ir atrás deles. Certifique-se de ter elencado os recursos essenciais e suas possíveis alternativas. Esteja pronto para negociar, se preciso. Em várias empresas pode haver carência de recursos, seja em termos de tempo, seja de capital verdadeiro, e você terá de ser claro sobre o que necessita e por que necessita.

Se precisar compreender melhor o procedimento para a obtenção de recursos, em especial dinheiro, faça perguntas. Caso precise de dinheiro para fazer um curso de treinamento ou para quaisquer outras finalidades, é mais provável que precise conversar com seu gerente. Nesse caso, é importante certificar-se de suas justificativas e o que esse dinheiro fará por você e pela equipe.

2. Tempo

Antes que você acenda o estopim do canhão e seja disparado pelos ares rumo ao seu destino, certifique-se de que distribui e gerencia seu tempo juntamente com seu(s) objetivo(s). Sua agenda e sua lista de tarefas são ingredientes essenciais para assegurar o seu sucesso. Use sua agenda para distribuir o tempo destinado a trabalhar em seus objetivos e sua lista de tarefas para identificar as características do que precisa fazer diariamente. Use essas ferramentas de gerenciamento de tempo para ajudá-lo a atingir seus objetivos e transformá-los em realidade.

Priorize, priorize e priorize!

Seu objetivo poderoso só é tão bom quanto a sua capacidade de planejar e cumprir. Você não quer ser aquele sujeito que gosta de falar sobre suas idéias fantásticas e planos maravilhosos, mas que nunca mostra resultados. Durante as atividades de rotina, quando é preciso terminar as tarefas, é muito fácil se distrair e tirar a atenção de seus planos. Como sempre, você terá de priorizar as suas tarefas.

Felizmente, seu objetivo pode ser atingido como parte de seu trabalho. Pode também ser o caso de treinamento extra ou serviços que saiam de suas atividades do dia-a-dia. Quando você terá tempo para isso? Há tanto a fazer! Permaneça concentrado e mantenha o impulso no sentido de realizar seu objetivo de seis meses, priorizando o seu trabalho. Quando você age assim, sua capacidade de extrair o tempo necessário para a execução das tarefas pode surpreendê-lo.

Mesmo se estiver enxergando seu objetivo de seis meses na tela do seu radar, certifique-se de que seus projetos atuais ainda são a prioridade máxima. Por ser novo na empresa, estão vendo se você consegue realizar seus projetos. Também estão analisando como você equilibra o cumprimento de suas tarefas com sua capacidade de pensar com cuidado e antecipadamente e partilhar suas idéias. Continuar nossa dualidade exigirá que você priorize atividades imediatas e mostre vitórias imediatas, enquanto mantém os olhos no futuro.

Cuide de seus assuntos

É isso mesmo: assim como o cãozinho nas campinas observa atentamente a vastidão da planície, é importante que você olhe também para o horizonte. Apesar de estarmos lhe pedindo para erguer a cabeça e ver seu futuro, é essencial que, em primeiro lugar, você tome conta dos assuntos que tem à mão.

Se possível, torne seu novo objetivo parte de seu trabalho atual. Será mais fácil gerenciar seu tempo e haverá uma transição suave entre os esforços necessários para cada meta. Caso isso não possa ser feito, é importante tornar seu objetivo de seis meses uma prioridade secundária entre seus projetos atuais. Nessas condições de prioridade secundária, você terá de conquistar, em sua agenda, o tempo necessário para trabalhar em seus planos para daqui a seis meses.

Não se esqueça do cronograma e dos marcos

Agora que você tem em mente suas prioridades, comece a separar tempo em sua agenda e identifique tarefas específicas em sua lista. Primeiramente, crie marcos que pode realizar e acompanhar. Comemore sempre que atingir algum deles. Afinal, isso significa que você se encontra no caminho certo e realizou uma parte de seus objetivos e traz uma sensação ótima!

Em seguida, estabeleça datas para os prazos de alcance de cada um de seus marcos. Certifique-se de que são realistas, estão de acordo com as exigências atuais. Enquanto estiver identificando-os, observe seus hábitos de trabalho. Se você tiver uma tendência a deixar tudo para a última hora, defina prazos mais curtos e passe a fazer mais cedo uma quantidade maior de tarefas. Coloque a maior parte delas nos primeiros meses de seu plano. Dessa maneira, você se sentirá mais pressionado a seguir adiante imediatamente e não deixar para depois. Se gostar de trabalhar com previsibilidade e coerência, quem sabe um plano elaborado de modo mais uniforme atenda às suas necessidades. Na medida em que você trabalha na direção de seus objetivos, nunca deixe de examinar e atualizar seu plano de acordo com a necessidade.

3. Conhecimento

Agora que você teve essa idéia magnífica sobre o que quer atingir ou com o que gostaria de trabalhar daqui a seis meses, é hora de começar a pesquisar e definir quais as informações e os conhecimentos necessários para cumprir a tarefa. Assegure-se de ter os conhecimentos à mão para chegar aonde quer. Para garantir que você continua no rumo certo, vai precisar observar duas áreas: tendências e influências emergentes e informações e conhecimentos necessários. Isso terá de ser criado com base na seção Objetivos, que pedia para identificar os recursos de que você precisa, observando mais especificamente quais os conhecimentos necessários ao seu êxito.

O que é moderno hoje e amanhã?

Faça pesquisas sobre o objeto de desejo do seu coração – os objetivos que espera atingir em seis meses –, antes de elaborar imagens sensacionais dos projetos fascinantes nos quais gostaria de trabalhar. Afinal, você não quer definir suas metas numa direção e descobrir mais tarde que a empresa decidiu seguir na direção oposta.

Para onde isso vai levá-lo? O objetivo pelo qual você vinha trabalhando desapareceu porque você não conversou com mais pessoas acerca do futuro da firma. Embora sempre haja mudanças inesperadas e imprevistas, aumente suas probabilidades de sucesso realizando, antes de mais nada, uma pesquisa.

Caso esteja iniciando uma nova idéia na empresa, tenha certeza de que sua proposta levou em consideração tecnologias e práticas atuais e se encontra em sintonia com as necessidades e os rumos da empresa. Em sua pesquisa, você deve incluir conversas com colegas de confiança e descobrir mais sobre a companhia, direção de departamentos e estratégias para os próximos seis meses e além deles. Descubra também se houve tentativas de projetos semelhantes no passado e que lições foram tiradas delas. O que as tornou bem-sucedidas, ou não?

Invista seu tempo em projetos e no desenvolvimento de aptidões que produzam uma alta taxa de retorno para você, sua equipe e sua firma. Inclua, em sua pesquisa, uma observação detalhada e completa do ambiente mais amplo, como tendências do ramo de atividades e influências potenciais. Dentre essas tendências, pode-se incluir o crescimento do mercado ou a consolidação da empresa por meio de aquisições. Dentre os fatores de influência podemos citar um produto inovador, tecnologias novas ou as preferências do consumidor.

Ao efetuar sua pesquisa, pergunte às pessoas de sua rede de contatos fora do trabalho e, especificamente, colegas de outras empresas se estão em projetos semelhantes ou observando tendências ou influências similares. Nesse processo, sua rede pode ser de grande valia. Cuide para que suas coordenadas presentes e futuras estejam adequadas aos rumos da companhia e a um ramo de atividades mais abrangente. Certifique-se de que os projetos ou objetivos nos quais você definiu suas metas serão relevantes no futuro.

Ligue os pontos

A parte dois da sua busca pelo conhecimento se concentra na identificação dos conhecimentos ou informações específicas exigidas para você atingir seus objetivos. Verifique os recursos levantados no processo de estabelecimento de objetivos a fim de garantir uma seleção adequada dos conhecimentos e das capacidades adequadas. Verifique se precisa de algum conhecimento ou recurso adicional.

- A quais indivíduos, em sua equipe, empresa e ramo de atividades, você pode recorrer em busca de mais informações e assistência?
- Que pesquisa adicional, desde internet até revistas e jornais, é necessária?
- De que tipo de treinamento, programa ou certificado de ensino mais demorado você vai precisar?
- Será que outras pessoas já passaram por isso? Lembre-se de que não é preciso reinventar a roda.

4. Equipe

Na Semana 8, pesquise e determine as tendências para os próximos seis meses. Além de utilizar as informações adquiridas como parte do cumprimento de seus objetivos, pense no que mais você pode fazer com tais informações preciosas. Você pode, é claro, dividi-las com sua equipe! Ela é o local perfeito para debates, onde você pode partilhar seus novos conhecimentos, ampliar sua perspectiva pela reunião das opiniões de seus companheiros e criar oportunidades para colaboração. Entretanto, isso não é tão simples quanto estacionar seu caminhão de conhecimentos na porta da frente. A fim de tirar proveito máximo, certifique-se de que suas valiosas informações serão transmitidas de maneira eficiente. Defina o que é importante partilhar, quando partilhar e como partilhar.

Por que partilhar?

Você deve partilhar seus conhecimentos por vários motivos:

- Cria companheirismo entre os membros de sua equipe.
- Confirma suas descobertas com sua equipe.
- Adiciona valor ao contar-lhes algo em que talvez não tenham parado para pensar.
- Amplia suas descobertas com as opiniões deles.

Talvez eu não queira partilhar

Você ainda não acredita que é válido compartilhar com sua equipe? Eis alguns motivos convincentes que, esperamos, vão empurrá-lo gentilmente rumo ao sentimento caloroso da partilha:

- Sem compartilhar, é difícil transmitir sua mensagem.
- Sem compartilhar, você pode passar por mesquinho e anti-social.
- Sem compartilhar, as pessoas não compartilham com você.
- Sem compartilhar, você perde a chance de mostrar seus talentos.

O que partilhar

Agora que ficou nítido o porquê de você partilhar, a próxima pergunta é: o que partilhar exatamente? Partilhe o que descobriu! No processo de definir seus objetivos e agrupar conhecimentos, você talvez tenha aprendido algo interessante e desenvolvido algumas opiniões novas. Não estamos sugerindo que você se concentre em anunciar seus novos planos; isso pode dar a impressão de algo ambicioso demais aos olhos dos membros de sua equipe. Partilhe as descobertas feitas durante a elaboração dos planos que possam ter valor para seus companheiros. O que você aprendeu nas pesquisas de tendências emergentes? Quais as oportunidades para a sua equipe?

Você quer que seus companheiros saibam que está pensando e vendo com antecedência. Está adicionando valor à equipe apresentando novas idéias e iniciando conversas acerca da pesquisa importante que concluiu.

E se roubarem suas idéias? É um risco; assim, verifique o que partilhar e com quem partilhar. Como, porém, você se encontra em um ambiente novo, dê aos membros de sua equipe o benefício da dúvida. Participar de uma equipe tem tudo a ver com ter iniciativa e presumir que pode confiar naqueles ao seu redor. É preciso começar com a atitude certa se espera que os outros retribuam.

Como partilhar

Temos aqui um assunto totalmente distinto de "o que compartilhar". Se você entrar na próxima reunião de equipe gabando-se de sua pesquisa complexa e fascinante sobre a próxima geração de combustíveis para foguetes que atingirá o mercado consumidor nos próximos três meses, e estiver partilhando isso com uma equipe de cientistas que trabalham com foguetes, vai, talvez, parecer um bobo. Contudo, se afirmar que está muito empolgado com a próxima geração de tecnologia de combustíveis para foguetes, sua mensagem será outra. Não é nada do tipo "Deixa eu contar o que sei". Ao contrário, é uma conversa no estilo "Acho que isso vai ter uma influência fantástica em nosso trabalho".

Utilize uma abordagem que incentive um diálogo, e não uma palestra. Desse modo, você conseguirá dar prosseguimento à conversa e seus companheiros vão querer participar e dar sua opinião sobre os impactos em seu ramo de atividades. Essa conversa poderá até evoluir para um *brainstorming* sobre as diferentes maneiras de se preparar para a tal mudança. Sempre é melhor admitir que sua equipe é experiente e já conhece as informações. Para confirmar as tendências observadas, tire suas dúvidas perguntando a opinião da equipe em vez de dar uma palestra sobre um assunto que eles talvez já conheçam.

E agora?

Agora que já despejou seu coração e sua alma na partilha de conhecimentos com sua equipe, que destino será dado por você (e por eles) a essas informações? Há vários caminhos para isso:

- Os dados que você partilhou podem ter levado à exploração de novas perspectivas e ter incentivado outras pessoas da equipe a pensar de forma diferente. Você ampliou os pontos de vista de seus companheiros.
- Os dados que você partilhou ajudaram a confirmar as convicções das pessoas na direção de seus trabalhos, suas

perspectivas e seus rumos. Sabem que se encontram no caminho certo de seus próprios projetos e objetivos.

- Os dados que você partilhou incentivaram conversas e lhe forneceram informações novas, que confirmaram seus atuais objetivos ou o instigaram a observar algumas opiniões diferentes.

Quaisquer que sejam os resultados, partilhar informações com sua equipe demonstrou seu interesse em contribuir de forma significativa. Além disso, você foi capaz de validar a direção de seus objetivos ou aprender novas informações que influenciarão seus novos passos.

5. Imagem

Agora que você identificou novos objetivos, está na hora de se olhar no espelho para verificar e aprimorar levemente a sua imagem. Do mesmo modo que um paletó listrado e um short xadrez não combinam, certifique-se também de que sua imagem faz parte de um processo contínuo. As estações mudam, e o mesmo vale para a sua imagem. Você não vai querer ser o elemento do escritório insistindo pela volta das calças boca-de-sino de poliéster, cabelos compridos e correntes e medalhões de ouro.

Acrescente mais sal ou pimenta

Adaptar sua imagem como respaldo aos seus objetivos é como na culinária: é preciso experimentar sem compromisso, a fim de fazer o melhor prato possível, conforme os ingredientes que tiver à mão. Quem sabe você necessite de uma pitada a mais de sal ou uma salpicada de pimenta. O ajuste de sua imagem deve ser algo divertido: uma pincelada de um novo estilo, tentar um novo comportamento ou, quem sabe, adicionar algumas palavras à sua mensagem de relações-públicas.

Caso seu objetivo seja trabalhar em um projeto de grande exposição em seis meses, você poderá descobrir que as pessoas que lidam com tais projetos tendem a ser mais experientes e, quem sabe, até um pouco mais velhas. Pode ser que você precise relacionar-se freqüentemente com executivos e projetar uma imagem profissional aos líderes mais antigos da empresa.

Assim, se você é do tipo que gosta de jeans e camiseta com estampas de rock, talvez queira limpar essa imagem. "Mas é assim que todos os engenheiros se vestem", você diz. Muito bonito. É isso que os profissionais mais antigos e mais visados usam? Você consegue simplesmente trocar sua camiseta por uma camisa de colarinho e ainda manter seus jeans? É fácil fazer isso. Você é a mesma pessoa, agora projetando uma imagem profissional. Abrir mão da camiseta com estampa de rock nem é um sacrifício tão grande assim, certo?

Adequar os ingredientes da sua imagem pode incluir alterações no modo como você se comunica ou divide informações. Se seu objetivo é trabalhar em um projeto de grande exposição, deverá demonstrar sua habilidade de pensar em termos estratégicos, levando em consideração perspectivas e relacionamentos diversos entre indivíduos e organizações. Do mesmo modo, vai querer transmitir sua consciência dos objetivos mais amplos da empresa e suas várias interdependências. Use seus conhecimentos acerca do ramo de atividades e a influência destes sobre a firma.

Entenda seu público para garantir que está comunicando os interesses específicos dele. Ninguém quer conhecer os detalhes mais íntimos do seu trabalho. Dê ao público aquilo de que ele precisa. Seu cliente mais provável para um projeto de grande exposição serão os funcionários mais antigos que queiram conhecer sua evolução e o que significam esses resultados para eles, e não o método novo e elegante que você encontrou para gravar um código de *software* de maneira eficiente.

Fique atento à sua linguagem e às suas palavras a fim de ter certeza de que são adequadas a seu público. A maneira prática de conseguir essa adequação é perguntando. Ninguém quer saber de fato o que existe para você nesse projeto. Pergunte o que existe para eles. Que vantagem vão tirar de seu trabalho árduo e de seus esforços? O que vão ganhar investindo o tempo para ouvir suas atualizações? Faça com que valha a pena para todos. Adapte sua mensagem.

Seu aquecedor

Talvez você precise fazer algumas modificações para se adaptar a seus objetivos de seis meses. Pode ser, por exemplo, que sua atual mensagem de relações-públicas tenha o objetivo de torná-lo conhecido como uma pessoa responsável (entrega os projetos no prazo), que colabora com os outros e é firme, mas justa.

Contudo, caso seu objetivo seja aumentar suas aptidões para garantir sua participação em um projeto de grande exposição, sua mensagem de relações-públicas também deveria incluir a importância de você estar continuamente aprimorando suas aptidões, de modo a adicionar valor a seus projetos. Assim, você pode afirmar: "Meus projetos vão bem. Obrigado por perguntar. Estou gostando deles porque posso, de fato, usar as aptidões que tenho. Estou procurando mesmo continuar a desenvolver sempre minhas habilidades, e já tenho planos para isso nos meses que virão".

Sua mensagem de relações-públicas não deve ser utilizada para fazer propaganda do que você quer. A intenção dessa mensagem é transmitir seus valores e como quer ser conhecido por um público mais amplo. No exemplo anterior, transmitir a mensagem de relações-públicas indica por que você seria um bem valioso a uma equipe de projetos. Há uma diferença enorme, em comparação com solicitar ou resmungar que deseja participar de um projeto.

Certifique-se de identificar o horário e o local adequados para debater, caso necessite articular seus objetivos, com pessoas essenciais e influentes (ou seja, seu gerente ou líder de projetos).

Eis como separar e colocar em prática, de forma adequada, seus objetivos e sua declaração de relações-públicas. Por exemplo, se seu objetivo é trabalhar em um projeto de grande exposição em seis meses, deverá transmitir os valores do trabalho árduo e da responsabilidade. Você vai querer que os outros saibam, pela repetição e pela divulgação de uma imagem coerente, que você dá valor à responsabilidade.

Ao comunicar esse valor, você se torna um candidato atraente para o projeto, pois as pessoas sabem o que esperar de você. Por outro lado, ficar só repetindo seu desejo de participar de um projeto soa como reclamação e não mostra aos outros que você pode dar suas contribuições. Assim, repita com freqüência sua mensagem de relações-públicas a um público maior e comunique seus objetivos uma vez ou outra a pessoas selecionadas.

Mudando aos poucos

À medida que você ajusta suas comunicações verbais e não-verbais e sua mensagem de relações-públicas se torna coerente com seu objetivo de seis meses, efetue uma transição suave. Não vá de uma hora para outra do jeans com camiseta às calças esporte com camisa social. É rápido demais. Vai parecer de fato óbvio que você está mudando seus trajes, só que sem motivo aparente. Podem perguntar: "O que você quer com isso?". Quer se dar bem? Está tentando impressionar um funcionário ou funcionária atraente da sala ao lado? Tem uma entrevista marcada para a hora do almoço?

Faça a transição do seu guarda-roupa de modo suave. Mantenha o jeans e mude imediatamente sua camiseta para uma camisa de algodão. No período de um a dois meses, troque o jeans por uma calça esporte preta. Eis aí o que você queria: uma transformação!

Da mesma forma, quando você fizer alterações em sua mensagem verbal, comece acrescentando palavras ou frases em sua mensagem inicial. Transmita sua mensagem revista de maneira seletiva para que fique maturando na mente de seu público. Aumente a freqüência com o passar do tempo. Em alguns meses, as pessoas perceberão que você tem as aptidões necessárias para participar do novo projeto e que você sabe como colocar em prática o que aprendeu.

Adapte suas habilidades de imagem de modo a garantir que atingiu seus objetivos de seis meses. O investimento que fizer diariamente vai se pagar ao longo do tempo.

Junte tudo

Seja seu próprio campeão! Agora é o momento de colocar as idéias em prática. À medida que passa sua oitava semana, lembre-se de se concentrar no lugar onde deseja estar daqui a seis meses. Trace suas coordenadas. Onde se encontra agora, e onde quer estar? O trabalho que fizer hoje poderá levá-lo para onde estão suas intenções, com o passar do tempo. Concentre-se em acumular as melhores informações destinadas a compreender eventos atuais, futuras tendências e como estas afetarão seus objetivos. Em seguida, transforme esses objetivos numa realidade e trabalhe em função deles.

A seguir, seu guia para a agenda da semana. Insira o que precisará fazer na Semana 8, a fim de garantir que você traçou suas coordenadas. Ao terminar a semana, e antes que você esteja pronto para o tão merecido fim de semana, empregue alguns instantes para recordar os dias que passaram. O que deu certo? O que você aprendeu? No que quer trabalhar ou o que quer realizar na semana que vem?

Parabéns pelo término de sua oitava semana de trabalho!

Guia para a sua agenda da Semana 8

(Utilize este guia para montar a sua agenda e usá-la na sua oitava semana de trabalho.)

Para agendar a semana de __/__/____ a __/__/____

Objetivo geral: olhar o seu horizonte

Aptidões Nadar ou Afundar	Ações desejáveis
1. Objetivos Planejar e identificar seus objetivos para seis meses.	Com base em minhas observações sobre a nova empresa, determinar o que quero fazer em seis meses a partir de agora. Pesquisar se faz sentido, dentro de um ramo de atividade mais amplo.
2. Tempo Priorizar seus projetos em conjunto com seus objetivos.	Fazer do planejamento de meu objetivo de seis meses uma prioridade. Dar prioridade ao meu projeto atual e certificar-me de dedicar um tempo para pesquisar em cima do meu objetivo para seis meses.
3. Conhecimento Identificar tendências ou informações que causarão impacto sobre você, seu trabalho e sua profissão.	Determinar os recursos necessários para obter meus objetivos para seis meses. Identificar a aparência do sucesso assim que atingir meus objetivos.
4. Equipe Compartilhar informações com a equipe de modo a ajudar a enxergar o futuro e trabalhar a favor dele.	Combinar minha mensagem de relações-públicas e o meu objetivo para seis meses. Partilhar as descobertas de minha pesquisa sobre tendências do ramo com minha equipe.
5. Imagem Combinar sua imagem aos seus objetivos futuros.	Vestir-me e agir de acordo, com base em meu objetivo para seis meses. Iniciar minha lista de tarefas para a próxima semana.

Semana 9
Olhe no espelho retrovisor

"A semana passada foi mesmo genial. Meus projetos estão no rumo certo e eu estou começando a pensar sobre o trabalho que quero fazer daqui a uns meses. Finalmente sinto que estou desenvolvendo alguns bons relacionamentos com os colegas de serviço. Estou pressionando a mim mesmo para dar e tirar, das minhas experiências, tanto quanto posso. No geral, essa atitude está trazendo resultados.

Também quero ter certeza de que outros pensam da mesma forma. A reunião semanal da equipe foi bem, mesmo eu tendo perdido a primeira parte dela. Cheguei com quinze minutos de atraso porque minha reunião anterior passou da hora e era em um prédio diferente. Senti-me envergonhado ao entrar atrasado da sala. Deveria ter planejado isso melhor. Isso me faz imaginar o que as pessoas pensam de mim e se estou no rumo certo."

Você continua a navegar com êxito pelas correntes marítimas, mantém sua cabeça acima das ondas e acelera ao longo das semanas no emprego. Antes que vá longe demais, faça um retrospecto de suas realizações e experiências. Comemore seu sucesso e prepare-se para águas mais tempestuosas e ondas adiante, identificando o que você pode fazer que seja mais eficiente.

Na Semana 9, seu objetivo principal é examinar a maneira como você está desenvolvendo e colocando em prática suas novas aptidões. Será uma ótima oportunidade de verificar sua evolução e de assegurar que está no rumo do sucesso. Identifique o que vem dando certo e quais as áreas que necessitam de mais atenção. Pense nessa semana como uma pausa para descansar; uma chance de reabastecer, fazer alguns ajustes sutis e preparar-se para o restante de sua aventura.

Semana 9	Objetivo geral: verificar como você está se saindo em seu novo emprego
Aptidões Nadar ou Afundar	**Atividades**
1. Objetivos	Confirmar para si mesmo.
2. Tempo	Determinar e ajustar sua capacidade de acompanhar o tempo e as tarefas.
3. Conhecimento	Determinar a adequação e a eficácia de sua base de conhecimentos.
4. Equipe	Determinar como você está atendendo às expectativas da equipe.
5. Imagem	Determinar como você está transmitindo sua mensagem, bem como o nível de eficácia dela.

1. Objetivos

Você se encontra bem no seu caminho rumo ao sucesso e, como qualquer profissional, sempre existem alguns detalhes que pode modificar para melhorar o seu jogo. Agora que ultrapassou a marca dos dois meses em seu novo emprego e identificou no que quer empenhar-se mais dentro dos próximos seis meses, observe onde você está neste instante. Seu barco está deixando entrar água ou você está confiante? Em sua nova semana no trabalho, você deverá olhar ao redor para verificar o andamento de tudo e identificar como pode obter mais o êxito em seu trabalho. O que mais precisa fazer? No que mais pode melhorar? Verifique consigo mesmo e seja honesto. Como você está de fato se saindo? O modo mais fácil de avaliar sua evolução é observando até que ponto está conseguindo buscar seus objetivos de modo competente.

Pegou o rumo certo ou saiu para o almoço?

Quando começou em seu emprego, você identificava oportunidades para desenvolver suas aptidões. Estabelecia objetivos que se concentravam em seu desenvolvimento. Reveja os objetivos definidos no início. Conforme passa mais tempo no emprego, você poderá sentir a necessidade de desenvolver novas aptidões. Pode acontecer de você descobrir que as aptidões consideradas importantes a princípio não se mostram mais tão cruciais.

Sua vida tem várias dimensões, assim como seus objetivos. À medida que você examina como está alinhado aos objetivos que definiu, leve em conta como desenvolve o apoio a eles, ou como equilibra a sua realização. Os objetivos de realização e de desenvolvimento têm a mesma importância. Os de desenvolvimento dizem respeito a tomar conta dos negócios e obter resultados. Seus objetivos de desenvolvimento ajudam-no a atingir os de realização e o auxiliam em seu aprimoramento de longo prazo. Todos estão relacionados entre si.

Os objetivos de realização garantem que você está preparado. Por exemplo, seu objetivo de realização é se tornar um cientista. Ótimo! Quais as aptidões necessárias para isso? Os objetivos de desenvolvimento que identificar darão respaldo a seus objetivos de realização para se tornar um cientista. Ao longo de sua vida, você deve ter um fluxo constante de conhecimentos e aptidões novos para desenvolver.

Eis sua oportunidade de adquirir a certeza de que se encontra no rumo certo. Os objetivos, geralmente, são definidos em um rompante de dedicação, foco e impulso, apenas para ficarem sem fôlego no meio do caminho para a sua conclusão. Em outras ocasiões, um objetivo específico talvez não seja mais relevante, pela mudança de um projeto ou prioridade. Certifique-se de que seus objetivos ainda se encontram em concordância com a direção de sua equipe e empresa.

Após a confirmação de que os objetivos que necessita alcançar continuam os mesmos, assegure-se de estar no caminho certo rumo à realização deles. Não importam as circunstâncias, atingir objetivos pode ser um desafio. Há muitas distrações e demandas concorrendo com eles. Outras coisas acabam monopolizando seu tempo. Reveja sua trajetória, examinando os pontos a seguir.

Objetivos de realização

- Estou no rumo de atingir os objetivos do meu projeto?
- Para mim, estão claros os recursos necessários para atingir os objetivos do meu projeto?
- Tenho um plano, atualizado com freqüência, que me ajudará a atingir os objetivos do meu projeto?
- Alcanço cada um dos marcos que determinei para os objetivos do meu projeto?
- Para mim, está nítida a aparência que terá o meu sucesso quando eu atingir os objetivos do meu projeto?

Objetivos de desenvolvimento

- Estou no rumo de atingir meus objetivos pessoais de desenvolvimento?
- Para mim, estão claros os recursos necessários para atingir meus objetivos de desenvolvimento?
- Tenho um plano, atualizado com freqüência, que me ajuda a atingir meus objetivos de desenvolvimento?
- Alcanço cada um dos marcos que determinei para meus objetivos de desenvolvimento?
- Vejo nitidamente a aparência do meu sucesso quando eu atingir meus objetivos de desenvolvimento?

2. Tempo

Agora que você é quase um veterano dentro da empresa, talvez comece a sentir o ritmo dos acontecimentos. A velocidade na qual as coisas acontecem, como se definem os prazos de entrega, o senso de urgência, tudo isso reflete o ritmo da empresa. Vamos revisar algo agora para garantir que você permaneça no caminho certo e mantendo o ritmo adequado; são os dois alicerces do gerenciamento de tempo eficiente: rotina e planejamento.

Rotina... lembra-se dela? Acordar: dez minutos; vestir-se: vinte minutos; encontrar seu relógio de pulso: cinco minutos. Isso mesmo: sua rotina fornece um ponto inicial, que define quanto tempo você leva para concluir suas atividades do dia-a-dia, bem como uma estrutura diária e semanal previsível.

Planejamento – isso mesmo, identificar que etapas ocorrerão até você chegar à sua sala. O gerenciamento de tempo eficiente é fundamental para atingir seus objetivos e demonstrar os comportamentos que dão respaldo à sua imagem.

A rotina diária

Previsível, enfadonha e rígida são palavras freqüentemente associadas ao termo "rotina". Em vez disso, queremos que você encare a rotina de outra maneira: oportunidade, empolgação e preparação. Sua rotina lhe proporciona a oportunidade de gerenciar sua agenda, pois você sabe onde seus horários podem ser ajustados e o que deve manter sem alterações. Empolgação – ao pensar no desconhecido, já que sua rotina está preparada para o inesperado. Preparação – sua rotina é o *Big Ben* do gerenciamento de tempo. Você tem as ferramentas para enfrentar qualquer desafio de planejamento. Suas rotinas podem assumir diversas formas, inclusive no seu processo de se aprontar para o trabalho, ou como definir reuniões, ou se preparar para o dia seguinte. É hora de examinar, revisar e reintegrar suas rotinas.

Talvez já tenha passado algum tempo desde que você revisou suas rotinas diárias. Será que esteve apoiando-se na sorte ou nos caprichos dos deuses do trânsito para chegar a tempo no trabalho? Será que chegar pontualmente às reuniões é um desafio para você, quando elas estão agendadas uma atrás da outra? Quem sabe as rotinas que organizou poucas semanas atrás não estão saindo um pouquinho do controle. Observe os pontos a seguir, como auxílio para ajudá-lo a examinar e rever suas rotinas – assim, você vai ter certeza se elas ainda atendem às suas necessidades.

- Você chega cedo ao trabalho? Com que antecedência quer chegar? Que horário seria o ideal, se levar em conta o quanto você precisa realizar durante o dia?
- Você consegue realizar seus objetivos todos os dias? Estabelece expectativas realistas ou tenta acumular uma porção de tarefas no dia e se prepara para as decepções?
- Você consegue chegar em tempo às reuniões? Se a empresa tem uma diretriz não declarada de que as reuniões começam cinco minutos após o horário, você está chegando pontualmente, antes ou depois? Se estiver chegando cedo, usa esse tempo para pensar sobre seus objetivos para a reunião? Em caso afirmativo, continue assim. Se estiver chegando atrasado, o que precisa mudar?
- Você precisa interromper as reuniões anteriores e se desculpar para sair para as próximas?
- Você só costuma dar a si próprio tempo suficiente, entre as reuniões, para ir de um prédio da empresa ao outro?
- Você sai do serviço em um horário sensato? Está saindo muito cedo em relação a seus colegas? Tem alguma desculpa aceitável, como cuidar de um filho que o obriga a sair antes? Está saindo muito tarde? Uma pessoa im-

portante em sua vida está ficando irritada porque pela terceira vez esta semana você estragou os planos de jantarem juntos? Em caso afirmativo, você está trabalhando com mais afinco com relação a seus colegas ou de uma forma não tão inteligente quanto poderia?

A finalidade de criar rotinas é a de permitir que você tenha uma estrutura que lhe possibilite gerenciar seu tempo com eficiência e lhe dê uma medida de previsibilidade. Por exemplo, como parte de sua rotina de agendar reuniões uma em seguida da outra, você pode marcá-las de modo que cada uma termine cinco minutos antes da outra. Isso lhe permite chegar em tempo para a reunião seguinte. Suas rotinas devem ser revisadas de modo a atender às suas necessidades e refletir o que é o comportamento usual na empresa.

Planejamento e cumprimento

Por ora você talvez tenha percebido que o cumprimento bem-sucedido e no prazo de suas tarefas exige mais do que sorte – exige planejamento. Planejar é fundamental, a menos que você seja viciado em adrenalina, que corre mais rápido quando há uma situação de emergência, como ser surpreendido por um prazo de entrega lembrado de repente.

À medida que mantém sua verificação de tempo, examine seus projetos e como os está cumprindo. Primeiramente, examine os prazos em sua agenda. Se não os tiver anotados, eis sua chance de atualizar-se. Caso os prazos estejam atualizados, bom trabalho! Sua agenda é o recurso de gerenciamento de tempo mais valioso que você possui. Agora que atualizou seus prazos de entrega, ficará mais fácil perceber se você se encontra, ou não, no rumo certo.

Assim que tirar o pó da sua agenda para atualizá-la, observe como está se saindo na sua criação de um cronograma para atingir os seus objetivos. Uma coisa é um plano bem detalhado; agora, se seu cronograma e seus marcos estiverem fora da realidade, você estará criando uma situação de subaproveitamento. E se tiver um cronograma muito agressivo, talvez chegue longe demais, rápido demais.

Em suas primeiras semanas de emprego, assegure-se de estar no ritmo certo e obtendo resultados. Lembre-se de que sua produtividade está sendo medida. Não lance suas datas de entrega para prazos muito longos, pois isso pode dar a impressão de que você é muito lento para trabalhar. Considere as tarefas maiores, que levarão mais tempo, e as menores, que você poderá concluir com mais rapidez. Examine e reveja seus cronogramas de projeto de modo a definir mais condições para o seu sucesso.

Entregar o trabalho no prazo é metade da equação. A outra metade do processo de planejamento é garantir que a qualidade de seu trabalho fique tão boa quanto pode ser. Pode-se evitar um trabalho malfeito agendando tempo para examinar e reexaminar seus resultados. O que está em jogo se você entregar um trabalho malfeito? É a sua imagem de um novo funcionário competente e de alto desempenho. Mesmo um errinho de digitação pode indicar, sutilmente, que você não está prestando atenção nos detalhes, não sabe corrigir ou não tem tempo nem ao menos de apertar o botão "Verificar ortografia" do seu editor de textos.

Será que está tão apressado com seus projetos que não encontra tempo para examinar o trabalho que produziu? Antes de enviar qualquer documento para o destinatário – seja um e-mail, seja um relatório final de projeto –, gaste um tempo na revisão. Uma boa regra é revisar seus documentos pelo menos duas vezes antes de enviá-lo. Em se tratando de documentos realmente importantes, um par de olhos adicionais é imbatível: peça a colegas de confiança para revisarem seu trabalho.

Por último, certifique-se de ter organizado sua lista de tarefas incluindo todas as etapas de seu projeto; assim, você estará sempre totalmente preparado. Sua lista de tarefas deve estar em um formato que funcione para você. Isso varia muito. Alguns a organizam de acordo com o prazo em que as tarefas estão para chegar e também quanto ao grau de prioridade. Outros se limitam a lançar os itens na lista e se certificar de cuidar de tudo o que seja urgente, fazendo um exame minucioso. Caso sua lista esteja funcionando a contento, ótimo! Se ela precisar de pequenos ajustes para ficar mais organizada, que seja. Você colherá os benefícios dos dez minutos a mais que vai levar na organização dela agora mesmo.

Parte do gerenciamento bem-sucedido do seu tempo é a sua capacidade de estimar, com precisão, o quanto leva para concluir as pendências. Distribuir de maneira concisa a quantidade certa de tempo para suas atividades vai ampliar o espaço em sua agenda, seja para caminhar até o escritório de um colega de serviço, seja para esboçar uma apresentação, seja ainda para agendar uma reunião.

Caso sua noção de tempo não seja das melhores, você pode aprimorar suas aptidões acompanhando o tempo que cada uma das diversas atividades leva para ser concluída. Antes de prosseguir, faça uma estimativa da duração de uma tarefa. Ao terminá-la, identifique se você acertou essa estimativa ou se errou para menos ou para mais. Você pode também treinar essas aptidões de noção de tempo verificado em seu relógio antes, durante e depois das atividades, de modo a acompanhar a duração, a evolução e a conclusão das tarefas.

3. Conhecimento

É uma ótima sensação quando um projeto aterrissa em sua mesa ou quando você tem uma dúvida e sabe exatamente onde obter as informações desejadas. Por enquanto, você está bem no caminho de criar relacionamentos e efetuar conexões com os colegas de serviço, identificar as fontes de informação e as maneiras de pesquisar e agrupar dados com eficiência.

Para quando você quer isso?

Continuar seguindo o ritmo das empresas é um caso potencialmente exaustivo. Contudo, é assim que funciona o mundo no qual trabalhamos.

Preste atenção no ritmo da empresa. Qual a velocidade e quais as expectativas das pessoas quanto à rapidez que querem as informações e as respostas? Você, provavelmente, está trabalhando em um ambiente onde resultados rápidos e, quem sabe, instantâneos são esperados.

Ramos de atividades diferentes podem ter ritmos e sensos de urgência distintos; uma empresa de tecnologia pode tender a um ritmo mais rápido do que um banco. Entretanto, não importa o seu ramo, provavelmente o ritmo poderá lhe parecer rápido demais. Ainda esperam que você produza como três, na metade do tempo.

Conforme você observa e entende o ritmo da firma, sua capacidade de acompanhar esse ritmo é apoiada por meio de sua habilidade em acessar rapidamente as informações. Você poderá ser ligeiro para gerar relatórios porque sabe onde encontrar os dados. Você se prepara para o sucesso, pois demonstra sua sintonia com as prioridades e exigências da empresa. Você sabe que está se transformando em um super-herói corporativo quando é capaz de fazer uma apresentação clara aos executivos mais importantes da companhia. Sabe onde obter os dados e possui as informações necessárias para produzir resultados rápidos. Seu nível de confiança aumenta quando sabe que pode obter os conhecimentos e informações certas, no momento em que for preciso.

O funcionário médio da empresa não terá, necessariamente, a consciência do ritmo da empresa nem saberá empenhar-se para se manter ajustado ao ritmo das modificações que ocorrem nela. Que sorte que você não é um funcionário médio! Assegure-se de que seu ritmo combina com o do lugar em que trabalha. Seus recursos de conhecimentos são essenciais para manter-se na dianteira e seguir em frente rumo ao seu sucesso.

Nas seções a seguir, vamos examinar informações mais específicas para ter a certeza de que seus recursos de conhecimentos estejam abastecidos e impulsionem você para a frente.

Seus instrumentos

Assim como em qualquer esporte, a qualidade do seu equipamento faz uma diferença e tanto para o êxito. Ainda que você tenha os talentos inatos e fantásticos de um corredor de curta distância, seu desempenho poderá ser comprometido em alguns preciosos segundos se não usar tênis de corrida que dêem respaldo total a seus pés. Com um equipamento melhor, ganhamos vantagens sobre a concorrência.

Durante os dois últimos meses, quais os equipamentos novos que você apanhou para melhorar seu trabalho, e quais os equipamentos novos que precisa adicionar?

Será que você se apegou demais a seus recursos de conhecimento testados e aprovados, como jornais diários, revistas, sites e conferências? Pois, então, não se acomode. Existem outros recursos de conhecimento ainda por descobrir. Certifique-se de expandir seu repertório e de buscar novos recursos, que farão a diferença no modo como você exerce seu trabalho. Os melhores jogadores de golfe começam com um ótimo conjunto de tacos e bolas, mas continuam atrás de equipamentos e técnicas novas para aprimorar seus jogos. Da mesma forma, seus recursos de conhecimento sempre podem ser atualizados.

Oportunidades

À medida que examina a sua evolução durante os dois meses passados, que oportunidades você, de fato, procurou com afinco e quais chegaram até você sem aviso prévio? Esperamos que tenha havido uma combinação de ambos. Enquanto buscava informações para seus projetos, quem sabe tenha começado a encontrar oportunidades, porque passou a sondar, por meio de perguntas, ou teve a felicidade de estar no lugar certo na hora certa. Há uma correlação positiva entre conhecimento e oportunidade. Quanto mais conhecimentos você tem e quanto mais ativo está na busca por eles, mais oportunidades aparecerão.

Assim, algumas ótimas oportunidades surgiram. O que você fez com elas? Tomara que as tenha aproveitado e não tenha fugido por timidez. Uma das coisas mais importantes a fazer quando a oportunidade bater à sua porta é explorar as possibilidades. Isso pode ser uma chance enorme para obter novos e empolgantes ensinamentos.

Rede de contatos

A Semana 9 também será um ótimo período para rever sua rede de contatos. Como andam as reuniões de almoço e a criação de novos relacionamentos? A finalidade de sua rede é fornecer acesso a informações que não seriam necessariamente fáceis de conseguir. É a sua rede de colegas de serviço e seus relacionamentos que lhe dão o discernimento e as informações de que você precisa para fazer seu trabalho. Faça uma retrospectiva: sua rede de contatos está funcionando para você? Com quem desenvolveu relacionamentos? Eles funcionaram da forma como você precisava? Com quem você precisa desenvolver relacionamentos adicionais para obter acesso às informações exigidas no seu trabalho?

É melhor dar

Como você está retribuindo às pessoas de sua rede de contatos? A construção de uma rede de sucesso depende da reciprocidade. Para reforçar seu relacionamento com essas pessoas, você deve ser capaz de fornecer algo em troca. Lembre-se: sua rede de contatos não está lá apenas para servi-lo; você também está lá para servir a ela. Quanto mais ampla, maior a probabilidade de você vir a ser solicitado por seus colegas de serviço. Não é necessário saber tudo sobre tudo. No entanto é importante que sua rede de contatos esteja ciente dos pontos fortes que você possui. Certifique-se de que seus companheiros saibam que boas doses de conhecimento você pode fornecer.

4. Equipe

Será que você está atendendo às expectativas de sua equipe? Eis aí uma pergunta difícil. Você espera que sim. Nesta seção, observe mais de perto se está fornecendo o valor que sua equipe esperava quando você se juntou a ela. Você também vai definir áreas de aprimoramento, descobrir se é o mais novo superastro da equipe ou se precisa forjar de novo o espírito de equipe.

Missão (im)possível

"Esta missão, caso você aceite, é..." Tarde demais! Você já aceitou a missão e agora se encontra nela há mais de dois meses. Vem sendo divertido, e uma grande experiência de aprendizado. Você desempenhou os papéis de detetive e de superastro. Agora chegou a hora de verificar se está atendendo às expectativas daqueles que o trouxeram para essa missão.

Quais eram as expectativas quando você subiu a bordo pela primeira vez? Como seu gerente e os membros da sua equipe esperavam que você fosse contribuir e executar as tarefas? Você se recorda de todas as conversas que teve nas primeiras semanas no emprego, a fim de estabelecer suas funções e responsabilidades? Está atendendo a todas? Sua equipe colocou em dúvida se você teria sido a escolha certa? À parte das convicções deles, se acham que você é genial ou se está aquém do esperado, nunca é tarde para fortalecer sua posição e se tornar um membro ainda mais forte e eficiente na equipe.

Volte às suas anotações de conversas que teve no princípio de nossa jornada. Determine se está atendendo àquelas expectativas identificadas inicialmente. Certifique-se de que se encontra no rumo certo para atendê-las e de que está se adaptando às que surgem ou às que foram modificadas.

Você está adicionando valor às reuniões de sua equipe ou se limita a ficar sentado ouvindo? É extremamente importante que você contribua com sua equipe, não apenas por causa dos seus projetos, mas também em suas interações com os companheiros. Dê sua contribuição nas reuniões e participe de eventos sociais. Então você diz: "Mas eu sou tímido" ou "Não tenho nada a acrescentar... Sou o mais novo da equipe". Isso não basta. Já faz dois meses que você foi integrado ao departamento. É considerado um membro plenamente capacitado e que contribui; assim, aja como tal.

O elo mais fraco

Você quer a fama de alguém que acrescenta valor e contribui com a equipe de maneira coerente. E então vem a dúvida: "Mas eu sou o mais novo na equipe". Não importa. Lembre-se de seu poder maior. Você fornece instrumentos ótimos à equipe. Assegure-se de que está oferecendo as aptidões que o ajudam a ter sucesso.

Caso você seja aquele indivíduo no qual os outros não podem confiar, torna-se o elo mais fraco no grupo. Certifique-se de que isso não acontece. As pessoas sabem que você está dando o melhor de si e cumprindo com sua palavra. Então, tenha certeza de dar a seus projetos o tempo e a atenção que merecem e ganhe a confiança dos seus colegas de trabalho.

5. Imagem

Enquanto você olha no retrovisor, sua imagem é um componente fundamental para exames. Que idéia passa para os outros? Se tiver feito um trabalho excepcional ao comunicar sua mensagem de relações-públicas, e também na apresentação de comportamentos coerentes com essa mensagem, então você estará no caminho certo rumo ao sucesso contínuo.

Nesta seção, preste atenção em como você é visto pelos outros, o que vem transmitindo às pessoas e o que pode ser ajustado no futuro.

Sua mensagem geral

Comecemos com sua atual mensagem de relações-públicas. A intenção dela é transmitir os elementos mais importantes pelos quais você deseja ser conhecido e criar uma associação sua com essa mensagem. Quando alguém ouve seu nome, pensa nos valores comunicados pela sua mensagem de relações-públicas. Você é conhecido por aquilo que transmite.

Ao caminhar pelos corredores, o que você imagina surgir na mente de seus adorados colegas de serviço? Eles enxergam o sabichão cafona ou o membro de equipe esforçado e talentoso? Embora você não queira correr por aí perguntando para todo mundo o que pensam a seu respeito, pode ser uma boa idéia perguntar a um companheiro de equipe confiável como ele acha que os outros vêem você na equipe.

Seja sincero comigo

Os membros da sua equipe são uma excelente fonte de *feedback*. Para chegar ao âmago do que procura, talvez você tenha de sondar e fazer muitas perguntas. De início, podem dar-lhe respostas prontas, do tipo "Ah, você está indo muito bem". Boas informações, mas não exatamente úteis. Quem sabe você deva sondar com gentileza, perguntando "O que você acha que a equipe entende por 'indo muito bem'? Assim eu posso ter certeza e continuar fazendo o correto".

É importante averiguar com gentileza, para não parecer que você é inseguro e está correndo atrás de elogios como se fossem segredos. Ao mesmo tempo, é proveitoso saber onde está se saindo bem e identificar as áreas em que necessita de aprimoramento.

Não entre em pânico se perceber uma hesitação inicial dos seus colegas ao pedir a opinião deles. Provavelmente você os pegou desprevenidos. Caso a resposta seja uma leve hesitação, pode ser que não se sintam à vontade em afirmar que você não está indo tão bem assim. Se for o caso, afaste-se do assunto e leia nas entrelinhas.

Quando obtiver o *feedback* sobre como os outros o vêem e como acham que está efetuando seu trabalho, você poderá rever se sua mensagem de relações-públicas está funcionando. Caso tenha a intenção de se fazer entender como um trabalhador esforçado, com quem se pode contar, e o *feedback* que obtém dos colegas confiáveis é que os outros o vêem como alguém confiável e esforçado, então sua mensagem de relações-públicas funcionou. Se você tiver como retorno a informação de que está indo bem e que provavelmente poderia acertar-se com o ritmo de seus projetos, significa que sua mensagem de relações-públicas precisa ser declarada com mais freqüência ou, mais importante, que seu comportamento não reflete a sua mensagem.

Se o *feedback* que pediu não vier tão estimulante ou alto-astral quanto esperado, ou seus colegas de serviço hesitam em dá-lo a você, leia nas entrelinhas. Pense: "Não sei o que estou fazendo para passar essa impressão negativa". Pense bem. Pense bem mesmo. Tem certeza de que não sabe o que pode ter feito para que estejam irritados com você? Será que não é pelos mesmos motivos que levam pessoas importantes na sua vida a se irritarem com você? Talvez você fale demais, quem sabe monopolize as conversas, interrompa os outros ou dê opiniões como se fosse o dono da verdade. Preste atenção nesses seus hábitos aparentemente inofensivos. Pode ser que eles estejam enlouquecendo as pessoas.

Mesmo se sua mensagem de relações-públicas estiver num painel luminoso e você descobrir que há uma legião de fãs que o acompanha, sempre haverá uma forma de ajustar um pouco mais o tom da sua mensagem. Que mais você pode fazer para reforçá-la? Sua imagem profissional é a primeira coisa que percebem e a última da qual se lembram. Faça isso trabalhar a seu favor!

Seu comportamento

Tão bom quanto a sua mensagem de relações-públicas é o comportamento que você demonstra. A fim de que sua mensagem seja eficiente, suas palavras e seus atos devem estar sintonizados. Use o *feedback* que recebeu para ter certeza de que seu comportamento dá respaldo à sua mensagem. Não existe nada mais importante – do seu vestuário à forma como você se comunica verbalmente com os outros. Eis uma lista de verificação:

- Estou vestido e arrumado de modo coerente com a forma pela qual quero que me vejam?
- Falo de maneira concisa e coerente?
- Arranjo tempo para criar afinidade com os outros?
- Arranjo tempo para perguntar, de modo a aprender sobre o ponto de vista das outras pessoas?
- Escuto sem interromper?
- Olho para a outra pessoa enquanto ela fala (sem ficar verificando e-mails, telefonemas ou qualquer outra distração)?

Junte tudo

Seja seu próprio campeão! Agora é o momento de colocar as idéias em prática. À medida que passa sua nona semana de trabalho, concentre-se em olhar no retrovisor. Leve em conta onde esteve, como está se saindo e para onde vai. Este é um momento excelente para verificar e garantir que está indo muitíssimo bem no serviço. Já passaram dois meses e agora você se dirige para seu terceiro mês de trabalho. Faça deste próximo mês um sucesso!

A seguir, seu guia para a agenda da semana. Insira o que precisará fazer na Semana 9, a fim de garantir que você traçou suas coordenadas. Ao terminar a semana, e antes que você esteja pronto para o tão merecido fim de semana, empregue alguns instantes para recordar os dias que passaram. O que deu certo? O que você aprendeu? No que quer trabalhar ou o que quer realizar na semana que vem?

Parabéns pelo término de sua nona semana de trabalho!

Guia para a sua agenda da Semana 9

(Utilize este guia para montar a sua agenda e usá-la na sua nona semana de trabalho.)

Para agendar a semana de __/__/____ a __/__/____

Objetivo geral: verificar como você está se saindo em seu novo emprego

Aptidões Nadar ou Afundar	Ações desejáveis
1. Objetivos Verificar consigo mesmo.	Certificar-me de que estou no rumo certo dos meus objetivos. Acompanhar o ritmo de trabalho de minha empresa. Tenho um plano, que atualizo com freqüência, que me ajudará a atingir os objetivos do meu projeto? Iniciar minha lista de tarefas para a próxima semana.
2. Tempo Determinar e ajustar sua capacidade de acompanhar o tempo e as tarefas.	Como estão minhas aptidões de gerenciamento de tempo? Chego pontualmente ao trabalho e às reuniões? Deixo o serviço no final do expediente?
3. Conhecimento Determinar a adequação e a eficácia de sua base de conhecimentos.	Atualizar meus recursos de informações. Qual a velocidade das coisas e quais as expectativas das pessoas quanto à rapidez com que querem as informações e as respostas? O que faço com as ótimas oportunidades que surgem?
4. Equipe Determinar como você está atendendo às expectativas da equipe.	Atender às expectativas de minha equipe com relação a mim. Sair para almoçar e certificar-me de que minha rede de contatos está forte e crescendo. Estou adicionando valor às reuniões de minha equipe?

5. Imagem Determinar como você está transmitindo sua mensagem, bem como o nível de eficácia dela.	Obter *feedback* sobre como meus colegas de serviço me vêem. Meus comportamentos dão respaldo à minha mensagem de relações-públicas?

Semana 10
Faça uma verificação da realidade

"Diferentemente da semana passada, esta não foi tão genial. Fui a uma de minhas reuniões preparado, com dados novos que reuni sobre o projeto. Imaginava que fossem informações que reforçariam o valor dessa iniciativa. Fui pronto para apresentar meus argumentos, só para descobrir que já haviam tomado a decisão de cancelar o projeto. Não tinha nada a dizer sobre aquilo.

Mais frustrante ainda foi ter descoberto, mais tarde, que isso havia sido definido antes da reunião, e aquela era a primeira vez que eu ouvia falar sobre o assunto. Compreendi os motivos comerciais da decisão e, mesmo assim, ainda foi uma surpresa. Imagino se é costume por aqui decidir e comunicar as decisões dessa maneira."

Na semana anterior você passou um tempo verificando onde estava e o que tinha feito, e definiu as etapas para encarar qualquer mudança necessária. Agora que está no trabalho há mais de dois meses, você percebe melhor como de fato são a empresa, sua equipe e seus colegas de serviço. Sem dúvida, a lua-de-mel não acabou; ainda existe amor. Contudo, você está pegando o jeito das esquisitices que fazem de seu local de trabalho um lugar diferente de tudo o que você já viu antes.

Depois de passar dois meses em uma empresa, você descobre que sua percepção da cultura, do ritmo, das práticas de partilha de conhecimentos, de equipes e de comunicação se aprofundou, ou até mesmo mudou por completo. A perspectiva que você tem agora está mais próxima da realidade. Na Semana 10, você enxergará seu novo local de trabalho através de olhos mais experientes e com maior capacidade de discernimento do que quando iniciou no emprego. Ao definir o seu verdadeiro ambiente de trabalho, você será capaz de antecipar obstáculos potenciais, concentrar-se em seus recursos e fazer as escolhas acertadas.

Semana 10	Objetivo geral: identificar a verdadeira aparência do ambiente empresarial
Aptidões Nadar ou Afundar	**Atividades**
1. Objetivos	Determinar a verdadeira cultura da empresa e como prosperar dentro dela.
2. Tempo	Determinar a velocidade da organização, da equipe e dos indivíduos.
3. Conhecimento	Determinar como de fato se compartilham as informações.
4. Equipe	Determinar como sua equipe funciona na realidade.
5. Imagem	Determinar a imagem que é valorizada na empresa.

1. Objetivos

Durante as primeiras semanas no emprego fica difícil perceber uma empresa e a forma como ela realmente funciona. Você fez sua pesquisa e conversou com pessoas, e ainda assim a probabilidade de tudo ser como parece ainda é remota. A percepção e a compreensão da "exclusividade" de sua empresa vêm, em geral, com o tempo e com a experiência. O novo ponto de vista que você possa ter agora em relação à firma faz parte do processo de integração. Você não foi induzido a imaginar que ela era de um jeito e descobriu que funcionava de modo um pouquinho diferente; é que leva tempo até decifrar os trabalhos internos de uma companhia.

Seu objetivo para a décima semana é ponderar sobre como sua perspectiva mudou e como é a real aparência do seu ambiente de trabalho. Ter essa imagem mais nítida do local em que você trabalha vai ajudá-lo a preparar melhor, ou modificar, sua estratégia para ter êxito. Decifrar seu ambiente de trabalho exigirá que você pare e pense como tudo é feito ali, como são valorizados os relacionamentos, como a política desempenha seu papel e o que define o sucesso nessas condições.

As regras

Ser novo no emprego é como começar um jogo com várias suposições referentes ao que você acha que são as regras para, depois de um tempo, descobrir que suas suposições eram diferentes da realidade. Surpresa! Como isso aconteceu? Bom, o jogo é deles, a empresa é deles e eles decidem as regras. É hora de colocar as regras na mesa para que você possa ganhar o jogo!

Toda firma tem seu conjunto de regras, seus processos e seus comportamentos. Esses elementos exclusivos refletem a cultura de sua empresa. Alguns são visíveis, fáceis de apontar e lógicos em seu respaldo ao êxito e à eficácia da firma. Outros comportamentos, processos e regras são menos óbvios e às vezes invisíveis, até você tropeçar sobre eles no trabalho. Talvez você já tenha descoberto involuntariamente essas pequenas surpresas culturais da companhia e se perguntado por que são assim – inúteis, bobas, idiotas ou qualquer outra coisa assim. O importante é que você se mantenha aberto e flexível em seu novo ambiente.

Como definir esse palavrão chamado cultura

"Cultura" é uma palavra elegante, não é mesmo? Edgar Schein, professor universitário de gerenciamento e guru da cultura organizacional, sugere que, para melhor definir e compreender a cultura de uma firma, deve-se observá-la como se tivesse três níveis.

Nível 1 – Artefatos: itens geralmente visíveis e identificáveis. Em sua empresa, podem estar incluídos as estruturas, os processos de trabalho e os prêmios que você vê nas paredes.

Nível 2 – Valores: itens adotados por uma empresa, como seus objetivos, suas estratégias e sua filosofia.

Nível 3 – Suposições subjacentes: as crenças de uma empresa, normalmente tidas como subentendidas ou inconscientes.

Por exemplo, você caminha por uma empresa e fica maravilhado porque ela oferece serviços de lavagem a seco. Muito conveniente para os funcionários! É um artefato (nível 1). Esse item visível se trata de uma manifestação física de um dos valores adotados pela empresa (nível 2), que é "tornar o ambiente de trabalho confortável aos nossos funcionários". A suposição subjacente (nível 3) é que um funcionário que se sente confortável é um funcionário feliz, e um funcionário feliz provavelmente é mais produtivo (porque não está fora resolvendo pendências pessoais) e possivelmente apresenta menos probabilidade de abandonar o emprego.

Como a cultura de uma organização se forma e evolui? Tudo começa com a criação da empresa. Seus fundadores, voluntária ou involuntariamente, incutem nela seus valores. A semente de uma cultura empresarial pode ter inúmeras origens, como seu conjunto inicial de regras, valores explícitos mantidos pelos fundadores ou convicções subjacentes.

As manifestações de tais valores ou suposições são, em seguida, ensaiadas e evoluem no decorrer dos anos. A cultura se torna parte do DNA da organização. Da mesma forma, quando alguém entra em uma empresa e tenta mudar sua cultura de maneira muito brusca, o sistema reage naturalmente, tratando o novo funcionário como um vírus, atacando-o até que ele morra (isto é, deixe a empresa) ou assimile a cultura.

Quando mencionamos anteriormente a importância de tomar cuidado ao contrariar o modo como são feitas as coisas, é por causa da dificuldade de mudar a cultura de uma organização. Exige planejamento, aceitação, tempo e respaldo dos líderes mais antigos. Apesar de você poder fazer a diferença numa firma e ajudá-la a ser bem-sucedida, é improvável que mude a cultura dela.

Conforme você sai e passa a observar a cultura da empresa em que trabalha e as formas pelas quais o ramo de atividades opera, o que você percebe na superfície? Quais valores a firma adota e o que eles dizem de fato sobre ela? Use o modelo de Schein para centrar e organizar suas observações.

Nível 1 – Artefatos: quais os maiores artefatos apresentados? Esses itens podem ser vistos facilmente. Verifique os processos e as estruturas da empresa. Existem vários graus de gerência, ou é uma firma relativamente nivelada, com poucos líderes? Sua empresa exige toneladas de documentos para executar até as tarefas mais ínfimas? Sua empresa fornece creche e bebidas grátis no local de trabalho? As regras e os processos operacionais se encontram visíveis? Algumas organizações, por exemplo, têm suas diretrizes para reuniões colocadas em todas as salas de conferências.

Nível 2 – Valores: o que dizem esses artefatos a respeito dos valores da empresa? Se todas as sextas-feiras à tarde a firma organiza uma festa com pizza e cerveja, o que isso significa em termos dos valores da empresa sobre diversão? A firma tem uma declaração de missão? Afirma seus valores com transparência? Esses valores estão arraigados na maneira pela qual se efetua um trabalho? Algumas companhias certificam-se de que os valores por ela adotados fiquem visíveis a todos os funcionários colocando esses valores e declarações de missão em *banners*, no site da empresa e em crachás.

Nível 3 – Suposições subjacentes: o que todos esses artefatos e valores adotados querem dizer sobre as suposições básicas da empresa? O que lhe pareceu exclusivo, diferente e inoportuno quando você começou a trabalhar ali? Tudo isso era obviamente diferente do seu ponto de vista, mas ninguém o avisou porque achavam que era algo subentendido e não davam atenção para o fato.

Como se apresentam esses artefatos, valores adotados e suposições subjacentes? Por exemplo, dados de nível 1: a empresa verifica sua bagagem todas as vezes que você vai embora (artefato). Dados de nível 2: a empresa afirma valorizar a honestidade e a integridade (valor adotado). Conclusão: não se pode confiar em todos os funcionários (suposição subjacente). Por mais que essa empresa possa ser paranóica, todos os três níveis de cultura se encontram sintonizados.

Chame a isso de experiência cultural. É sua oportunidade de brincar de detetive. Será útil verificar as relações ou ausências de coerência entre os artefatos, valores expostos e suposições subjacentes de sua empresa. Levará algum tempo até você entender a cultura de sua empresa de uma forma completa. No entanto, o simples fato de saber o que procurar facilitará seu trabalho de juntar as peças do quebra-cabeça. Decifrar a cultura de sua firma vai ajudá-lo a estar em sintonia e prosperar de maneira incrível.

Quer dizer então que foi nisso que eu me meti?

À medida que você começar a descobrir melhor a cultura da empresa, não se espante ao perceber que o conceito que você tinha dela pode ter mudado. Tudo bem. Isso não quer dizer que você não pesquisou o bastante ou que a firma o enganou. Simplesmente suas percepções iniciais sofreram a influência das expectativas e da falta de informações completas. Não há diferença nenhuma entre isso e sair com alguém pela primeira vez, achando que essa pessoa era tudo aquilo que você imaginava, para, duas semanas depois, descobrir que tem uma avaliação mais abrangente e diferente sobre os hábitos e as predisposições dessa pessoa. Talvez ainda exista algum interesse; contudo, então, você tem uma compreensão melhor e mais realista da razão do seu interesse.

Como a atual perspectiva da cultura da firma se compara às suas expectativas do começo? Conforme estiver comparando, tenha em mente que, na ocasião em que você foi contratado, sua decisão foi a melhor diante das informações de que dispunha. Supõe-se que este exercício o fará prestar mais atenção ao seu ambiente de trabalho.

Não pretendemos fazê-lo cair em depressão profunda quando descobrir de fato onde foi que você se meteu.

A maior parte das culturas corporativas apresenta uma combinação de características ótimas e daquilo que poderia ser melhor. Assim como pessoas, empresas não são perfeitas. Deixe claro o que você gosta na cultura dessa firma e em quais áreas pode ser necessário utilizar viseiras ou solicitar ajuda médica. Ponha as partes que você julga que poderiam ser melhores numa "caixa com áreas em aprimoramento" na sua mente. Não é preciso fazer nada a respeito; apenas tenha consciência do fato para navegar em seu local de trabalho com o máximo de rapidez e tranqüilidade.

O processo de estabelecimento de objetivos de sua empresa

Como parte da seção sobre estabelecimento de objetivos, provavelmente você pode prever a pergunta: como sua empresa estabelece seus objetivos? Com freqüência, eles são influenciados por um desejo de aumento da lucratividade, expansão ou crescimento no mercado e o desenvolvimento de novos produtos ou serviços. Por outro lado, os objetivos do seu departamento devem estar vinculados aos da firma.

Identifique se os objetivos de seu departamento se encontram claramente definidos, priorizados e conectados aos objetivos mais abrangentes da empresa. Se descobrir que seu departamento não está estabelecendo objetivos nítidos, seu trabalho é fazer perguntas de esclarecimento. Pergunte uma vez. Pergunte duas, se necessário. Se não conseguir uma resposta direta, deixe a questão de lado. Caso contrário, vai parecer que você está resmungando e reclamando. A ausência de uma resposta clara mostra que as pessoas nos postos mais altos ainda estão tentando, elas mesmas, esclarecer seus objetivos. Isso é típico. Não queira criar inimizades nem fazer com que os outros pareçam maus. Seria um suicídio político. Sintonize suas pautas com as da empresa.

2. Tempo

Na semana passada, você começou a observar o ritmo da firma, e suas aptidões de gerenciamento de tempo o mantinham no auge do seu profissionalismo. Na décima semana, para obter um quadro mais claro e uma noção mais verdadeira de seu ambiente real de trabalho, você vai observar mais de perto o modo como o tempo influi na empresa. A influência do tempo tem várias origens, inclusive o ramo de atividades e os fundadores da corporação.

Dentro da firma, o tempo pode ser tratado de maneira diferente, com base no departamento, nos gerentes ou no tipo de trabalho. Para melhor desvendar como é o tratamento dado ao tempo e suas influências na empresa, pense nele como em três camadas: empresa, departamento ou equipe e indivíduo. A compreensão sobre como se encara o tempo dentro desses três níveis vai ajudá-lo a definir quando e em que velocidade você terá de se mover.

Ritmo da empresa

Cada empresa varia de acordo com a rapidez de execução dos trabalhos. Algumas podem levar a vida toda para fazer um projeto decolar, ao passo que outras passam rapidamente do conceito à execução. À medida que você observa mais atentamente o ritmo de sua firma, tenha em mente o ramo de atividade dela, seus métodos e processos exclusivos que podem apressar ou reduzir o ritmo do trabalho, bem como a noção de urgência que possui.

O ritmo do ramo de atividade de sua firma é uma influência e tanto. Muitos ramos de atividade apresentam agendas específicas que obrigam a fazer pesquisa e desenvolvimento, produção e lançamento no mercado. Seja uma indústria de moda, que vive em função das estações do ano, seja o ramo da contabilidade, que entra num frenesi em época de balanços anuais, é importante compreender como o ramo de atuação influencia o ritmo da firma.

Observando a empresa por dentro, pode haver métodos e processos institucionalizados acerca de como tomar decisões e como o trabalho é executado. Tais mecanismos internos influenciam, e muito, o ritmo interno de uma organização. Mantenha os olhos abertos para o modo como se tomam decisões, quais as etapas envolvidas na introdução de uma idéia nova e quanto tempo leva para tirar essa idéia do papel.

O ritmo da empresa também sofre a influência da falta de uma noção intensificada de urgência. Esse nível de urgência pode ser, simplesmente, parte da cultura dessa firma: "As coisas aqui são sempre uma loucura". Essa pode ser a resposta a uma ameaça externa, como um concorrente novo ou uma preocupação interna: "Se não colocarmos aquele peso para papéis no mercado a tempo, os números de nossa equipe para este trimestre serão esmagados". Compreender em que posição se encontra a empresa, numa escala de urgência entre "muito na boa" ou "estresse total", e por quê, vai ajudá-lo a acertar-se com o ritmo dela, conforme necessário.

Defina o ritmo de sua empresa:

- O ramo de atividade de sua empresa é conhecido pela lentidão ou pela rapidez, se comparado a outros ramos?
- De que maneiras o ritmo dela é influenciado pelo ramo de atividade?
- Qual o nível de urgência em seu grupo ou sua empresa e por quê?
- O que você precisa ajustar para manter-se no ritmo certo?

Ritmo da equipe

Retire o foco de sua atenção do ritmo da empresa e leve-o para o ritmo de seu departamento, da sua equipe e das equipes com as quais interage. Não se surpreenda se descobrir tantas variações na forma como tratam o tempo. Apesar de o ritmo da empresa ter um certo impacto sobre o do departamento ou o da equipe, quem realmente definirá esse ritmo é o líder local. O tanto que essa pessoa se dedica a resultados e progressos determina a rapidez do departamento ou da equipe.

Conforme você observa seu departamento ou equipe, defina:

- Qual o ritmo do seu departamento? Como este se compara ao ritmo dos outros?
- Qual o ritmo da sua equipe? Como este se compara ao ritmo das outras?
- O ritmo do seu departamento ou da sua equipe está correto, é muito rápido ou muito lento?
- O que o seu departamento e a sua equipe precisam fazer para acompanhar o ritmo de outros ao redor?
- Como a liderança influencia o ritmo?

O ritmo de seu departamento ou de sua equipe varia a partir do ritmo mais amplo da empresa. Entretanto, não importa o ritmo, a velocidade deve estar combinada para dar apoio ao êxito do projeto e do objetivo. Caso considere que seu departamento ou sua equipe esteja em desarmonia, há algumas poucas ações estratégicas que você poderá efetuar. Observe mais de perto os elementos específicos que possam estar provocando a falta de sintonia. Sua pesquisa deve ser informal e, quem sabe, furtiva. Não há necessidade de instaurar a paranóia entre seus colegas de serviço por você estar procurando exterminar as causas da ineficácia da organização.

Caso descubra algo sobre práticas de trabalho ineficientes ou um ritmo que precise de ajustes, pense em soluções potenciais. Divida com a equipe suas idéias para a melhoria da execução dos trabalhos. Seja específico e se ofereça para trabalhar em quaisquer tarefas relacionadas a isso. Se descobrir que o problema está menos no processo de trabalho e mais nos trabalhadores, recue lentamente e não faça nenhum movimento brusco. A menos que você seja influenciado diretamente pelo desempenho de outra pessoa, talvez não valha a pena levar o assunto à atenção de seu chefe ou da equipe nesse momento.

Ritmo individual

Entre seus colegas de serviço, certamente haverá uma variação ainda maior sobre o modo como o tempo é valorizado e o ritmo de cada um. Provavelmente você já tem consciência da diversidade do ritmo de seus colegas de serviço. É difícil esquecer dos extremos. Alguns companheiros estão em velocidade máxima, são intensos, ao passo que outros parecem existir numa dimensão em que o tempo se desloca um pouco mais lentamente. Conhecer o ritmo daqueles à sua volta vai ajudá-lo a saber o que esperar quando trabalhar com eles. Você descobrirá que o Fulano precisa de um pouco mais de tempo para terminar as coisas e que a Beltrana fala tão depressa que será necessário tomar nota para se certificar de que entendeu os detalhes do pedido dela. Saber qual o ritmo de seus colegas também o auxiliará a ter correto de que seu ritmo está correto e em sintonia com o deles.

- Com que rapidez os outros concluem os projetos?
- Com que rapidez os outros retornam e-mails e recados da secretária eletrônica?
- Em um dia típico, qual o horário do expediente dos outros?
- Como você se compara a eles? O que é preciso para acompanhar o ritmo deles?

Você tem a chance de influenciar e modificar o tratamento dado ao tempo. Com base em seus discernimentos, você pode mudar seu próprio comportamento de modo a sintonizar-se ainda mais com seu ambiente de trabalho. Também pode demonstrar e moldar o comportamento que gostaria que as pessoas tivessem.

3. Conhecimento

Certo, Sherlock, é hora de um pouco de investigação. Informação é poder. Já citamos isso, e você sabe disso por experiência própria. É importante descobrir como se partilham as informações na firma. Ser o último a saber não tem a menor graça. Para entender melhor, observe os padrões formal e informal pelos quais as informações são partilhadas.

Em plena luz do dia

Comecemos nossa busca observando o que é público e notório: as maneiras formais pelas quais se compartilham as informações. Isso pode incluir sites da empresa, reuniões com funcionários, reuniões de projetos e assim por diante. Enquanto você examina as maneiras públicas de troca de informações, há dois componentes essenciais para manter em mente: quais os canais de troca dessas informações públicas e que tipo de informação é dividido? Normalmente, existe uma avalanche de vias pelas quais ocorre esse intercâmbio formal de dados. Certifique-se de que pode identificá-los e acessá-los.

Enquanto verifica os métodos de troca de informações, pense sobre o que isso implica. Se existem estruturas formais apropriadas, o que se espera que você e os outros compartilhem por essas vias? Estariam de fato as pessoas usando essas vias para partilhar informações? Qual a finalidade desse compartilhamento? Qual a profundidade dos dados retransmitidos? Até que ponto as pessoas querem dividir informações? São informações ou conhecimentos mantidos em segredo ou partilhados facilmente? Essas perguntas são importantes e você deve fazê-las de modo a entender o tipo e a qualidade das informações compartilhadas publicamente.

Atrás de portas fechadas

É no compartilhamento de informações privadas que, em geral, se encontram os artigos mais saborosos. Não, não estamos falando só de fofocas. Falamos de obter informações valiosas com as quais você conseguirá tomar as melhores decisões possíveis em relação a seu trabalho. Por exemplo, você escuta de um colega de serviço mais próximo que vão cortar o orçamento do seu departamento no ano que vem. Munido de tal informação, ainda não declarada publicamente, você começa a fazer planos de contingência para o projeto que proporá na semana seguinte.

O que lhe dizem em particular, ou não oficialmente, pode ser bastante significativo. Eis por que é tão importante que você desenvolva sua rede de contatos. Quanto mais pessoas conhecer, maior a probabilidade de obter mais informações. Quando sua rede tiver um bom tamanho, alguém em algum lugar lhe dirá aquilo que você precisa saber.

À medida que observa a firma, descubra quais informações são compartilhadas em particular e quais são públicas. Você deverá identificar se essas mensagens transmitidas por canais informais são as mesmas apresentadas pelos mecanismos formais. Verifique também se as notícias aparecem primeiro pelos canais informais, antes de ser comunicadas por meio de processos formais. Como parte da percepção de como os processos particulares de comunicação funcionam na empresa, fique de olho em colegas de serviço que parecem deter as informações mais recentes. Onde eles arranjam esses dados? Que tipo de relacionamento você tem com eles?

Quais os palcos onde acontece a troca de informações informais? Refeitórios, cozinhas e lanchonetes são locais ótimos para acumular informações. Almoçar fora do escritório é uma maneira excelente de conhecer pessoas e ter conversas mais descontraídas do que as que ocorrem perto dos locais de trabalho. Aparentemente, as pessoas baixam mais a guarda nesses lugares.

Em seguida, temos o assistente administrativo de confiança. Em geral, ele é bem provido de toneladas de bons dados. Apesar de sua intenção não ser a de filtrá-los em busca de informações, talvez você descubra que um "Oi, tudo bem?" informal o conduzirá a um interessante fato corriqueiro aqui e ali. Assistentes administrativos são amigos preciosos.

4. Equipe

Uma coisa muito boa em ter uma filosofia de membro de equipe é que você traz para qualquer ambiente de trabalho uma atitude e um conjunto de comportamentos que possibilitam o sucesso. Verdade, essa índole de membro de equipe é algo formidável! Durante essas nove semanas, você veio desenvolvendo suas aptidões de trabalho em equipe e se encontra no caminho certo para aparecer no *banner* "Funcionário do Mês" por sua grande cooperação. A fim de ampliar essas aptidões, preste atenção em como sua equipe e os colegas de serviço expressam o espírito de equipe. Quando você tiver uma noção mais adequada sobre como colocar em prática os valores de um membro de equipe, saberá onde concentrar suas aptidões de trabalho em equipe e sua energia.

Seu cardume

Comecemos por observar sua equipe de perto. Se você não faz parte de uma equipe formal, observe uma equipe de projetos da qual é membro. Você passou por bons momentos sendo parte de sua equipe e obteve uma noção de como o grupo funciona bem junto. Nesse momento, você deverá ser capaz de verificar se sua equipe é, de fato, um grupo unido, de pessoas dedicadas a atingir objetivos comuns e que valorizam o sucesso geral tanto quanto o individual. Por outro lado, sua equipe pode ser um grupo de indivíduos reunidos como parte de uma função na qual exista pouca interdependência.

Embora os objetivos comuns de sua equipe estabeleçam a etapa para a interdependência, a importância da colaboração eficiente e os benefícios dos relacionamentos sólidos são universais. Certifique-se da proximidade dos membros da sua equipe e quais os valores de cada um em termos de comunicação, planejamento e demonstração de compromisso uns com os outros. Em termos de intimidade, seu relacionamento com a equipe vem antes da obrigação de obedecer a prazos de entrega e assegurar que cada um de seus membros se encontra no rumo certo do sucesso. Certifique-se de que seu comportamento e nível de compromisso estejam no mesmo nível dos da equipe. Talvez no seu emprego anterior não houvesse problemas em faltar a um jantar com a equipe porque você planejou assistir ao jogo, mas com sua nova equipe pode ser um constrangimento e tanto.

Vamos, confie em mim

Eis um assunto embaraçoso: confiança. No dicionário, ela é definida como "firme crença ou crédito na honestidade, na integridade, na confiabilidade ou justiça de uma pessoa ou coisa".

- Você tem um nível de confiança em sua equipe, ou em seus colegas de serviço, que, se precisar de auxílio, os outros vão fornecê-lo?
- Os membros interagem honestamente uns com os outros?
- Os membros ocultam a verdade uns dos outros?
- Qual o nível de confiança que você tem em sua equipe e seus colegas de serviço? Qual a base para a sua resposta?

A confiança é o segredo da qualidade de um trabalho em equipe. Se os membros não sentem que podem confiar uns nos outros, é pouco provável que vão colaborar, comunicar-se com eficiência e trabalhar de modo a atingir objetivos compartilhados. Verifique se sua equipe tem confiança interna por meio da observação da comunicação entre seus membros; e empenhe-se em auxiliar cada um deles.

Felizmente, você participa de uma equipe na qual existe um alto nível de confiança. Se há uma certa falta nesse nível, leve em conta o que pode fazer para aumentar essa confiança em cada um dos participantes dessa equipe. Tenha em mente que você não deseja envolver-se em assuntos de confiança relativos à equipe, ou tentar ficar do lado deste ou daquele, ou moderar uma situação com muita antecedência. Permaneça neutro e certifique-se de que está reforçando sua imagem como alguém em quem vale a pena confiar.

Talvez você não consiga modificar a confiança da equipe; por outro lado, pode pelo menos garantir sua capacidade de conviver com todos, ser considerado honesto e com um alto nível de integridade. Se existir alguém na equipe ou um colega de serviço que não confia em você ou em quem você não confia, é importante cuidar de restaurar essa confiança. Isso levará tempo e demonstra a coerência de um comportamento desejado.

Se, por exemplo, você não confia em um membro de sua equipe porque o apanhou mentindo, todas as vezes que interagir com essa pessoa arranje uma forma de pedir informações mais nítidas e claras. Depois de obter essa mensagem de maneira coerente, com o passar do tempo, você descobrirá que está no rumo certo para recuperar a confiança nessa pessoa. Caso seja você aquele que perdeu o crédito com alguém por causa de um atraso em um projeto, por exemplo, informe com coerência sua situação no próximo projeto.

Existem maneiras de reconstruir a confiança que está abalada. É preciso boa vontade, tempo e cuidados.

5. Imagem

Então você acha que seu terno listrado parece elegante? Esta semana você testará algumas de suas suposições e examinará se a empresa também acha você elegante nesse terno listrado. Você terá de determinar a imagem que possui valor real na empresa, inclusive os tipos de imagens e comportamentos que obtêm recompensas e reconhecimentos positivos.

Você é o *outdoor*

A apresentação visual de sua imagem pode ser uma maneira impactante e eficiente de transmitir e reforçar a sua mensagem. Você é um *outdoor* ambulante de sua imagem: o que veste e sua linguagem corporal fazem propaganda de quem é. Mesmo se seu cabelo estiver um lixo, o espetáculo não pode parar. Você é um profissional o tempo todo. Já teve algum tempo para pensar sobre a imagem que deseja criar e começou a dar respaldo a essa imagem desejada por meio de suas roupas e seu comportamento. Também teve tempo de observar as imagens e os perfis das pessoas e como elas são percebidas pelos outros.

É hora de examinar se as pessoas são ou não tratadas de modo diferente, de acordo com a imagem que representam, garantir que a sua imagem está no caminho certo e que ela respalda o que você quer e como quer ser conhecido. Por exemplo: a empresa parece recompensar quem se veste de maneira profissional, mais do que quem usa short e camiseta? Leva mais a sério determinados indivíduos que se apresentam de maneira mais conservadora? O que você precisa fazer para ter certeza de que está sendo visto e ouvido pelas pessoas certas?

Talvez você descubra que quem tem determinado perfil recebe mais atenção dos gerentes seniores. Não é uma questão de certo ou errado, mas simplesmente um fato da vida profissional. Caso você fosse um gerente sênior e observasse a geração seguinte dos líderes da firma, provavelmente repararia mais em quem se veste de acordo do que numa pessoa que se apresenta de maneira bastante informal. Independentemente de isso ser certo ou errado, você será julgado pela imagem que transmitir.

Mantenha em mente que seu objetivo principal é ter êxito em seu ambiente de trabalho, e não mudar a cultura da empresa nem a percepção de como deveria ser um líder empresarial. Essa última é uma batalha penosa e você vai perder seu tempo. Quando se tornar um presidente executivo, você poderá introduzir uma modificação na política de vestuário. Concentre suas energias em sintonizar sua imagem para reforçar seu sucesso. Que tal adaptá-la a fim de garantir que você terá a atenção e o respeito merecidos? Se isso significar que é preciso vestir-se com calça social e camisa, faça isso para que o levem mais a sério.

Você pode perceber também que certos tipos de linguagem corporal chamam mais atenção do que outras. Não, não estamos nos referindo à linguagem sexual do corpo. Isso tem mais a ver com demonstrar entusiasmo por um projeto do que com dizer que você está se sentindo desinteressado e desmotivado. Talvez você note que os que se entusiasmam pelos projetos acabam sendo de fato convocados a trabalhar neles. Quem mostra empolgação pelo resultado de seu projeto recebe o reconhecimento pelo trabalho efetuado.

Nessa empresa, qual a linguagem corporal que recebe reconhecimento e recompensas? Como você deve aprimorar levemente sua linguagem corporal de modo a ter o reconhecimento desejado?

Veja! Um *outdoor* falante!

Isso mesmo! Você não é apenas bom: também sabe fazer barulho! Só precisamos ter certeza de que esse barulho reforça o superastro que você é. Parte da sintonia de sua imagem se dá pela percepção do valor conferido pela firma ou pelos colegas de serviço ao que normalmente se transmite. Quem sabe há alguns em sua empresa que têm uma lábia sensacional. Embora possam ou não produzir muito trabalho, eles chamam a atenção, de modo positivo, de membros essenciais da gerência, porque apresentam informações de modo coerente e periódico acerca do trabalho que fazem.

Talvez você coce a cabeça sem conseguir acreditar que esse funcionário é tido como um grande executor porque você se encontra envolvido em mais projetos do que ele, e ainda mais ousados. "O que está acontecendo?", você se pergunta. Esse funcionário está transmitindo uma mensagem de envolvimento com muito trabalho complexo. Não é tanto por estar trabalhando bastante, e sim pela forma detalhada pela qual informa o que está fazendo. Isso dá a impressão de que essa pessoa está muito ocupada e fazendo uma série de coisas importantes.

Leve em consideração com que freqüência você precisa comunicar sua mensagem e o nível necessário de pormenores. Às vezes, uma frase só não basta para transmitir todo o trabalho formidável que você está de fato executando.

Além da freqüência e do nível da mensagem, o detalhe é outro conteúdo reconhecido e premiado. Quais as palavras e frases que fazem suas orelhas ficar em pé? Quais valores declarados a empresa aparentemente recompensa? Especificamente, que palavras ou frases de efeito, como "resultados" ou "valor ao cliente", parecem chamar a atenção dos outros? Assimile essas palavras ou frases fundamentais, que todos percebem, de modo que você continue afinando sua mensagem de relações-públicas.

Seu discernimento aguçado acerca de quais aptidões de imagem recebem prêmios na empresa é um exercício importante. O desenvolvimento de sua imagem é um processo evolutivo. É necessário que você esteja vasculhando de modo coerente, buscando formas de afiar sua imagem e assegurar que ela está trabalhando por você. Moldá-la é uma forma excelente de tentar um novo estilo, treinar suas aptidões de comunicação e demonstrar para aqueles a seu redor quem você é e o valor que se dá.

Junte tudo

Seja seu próprio campeão! Agora é o momento de colocar as idéias em prática. À medida que passa sua décima semana de trabalho, é importante verificar a realidade de seu ambiente. Como na primeira vez em que você sai com alguém, a coisas nem sempre são o que parecem. Melhor viver na realidade do que num mundo que criou na sua mente sobre a empresa. Talvez você descubra fatos surpreendentes e inesperados. Talvez perceba que muitas de suas descobertas reforçaram que você se encontra na empresa certa e no rumo certo.

A seguir, seu guia para a agenda da semana. Insira o que precisará realizar na Semana 10 a fim de garantir que faça uma verificação da realidade. Ao terminar a semana, e antes de estar pronto para o tão merecido fim de semana, empregue alguns instantes para recordar os dias que passaram. O que deu certo? O que você aprendeu? No que quer trabalhar ou o que quer realizar na semana que vem?

Parabéns pelo término de sua décima semana de trabalho!

Guia para a sua agenda da Semana 10

(Utilize este guia para montar a sua agenda e usá-la na sua décima semana de trabalho.)

Para agendar a semana de __/__/____ a __/__/____

Objetivo geral: identificar a verdadeira aparência do ambiente empresarial

Aptidões Nadar ou Afundar	Ações desejáveis
1. Objetivos Determinar a verdadeira cultura da empresa e como prosperar dentro dela.	Quais os artefatos, os valores adotados e as suposições subjacentes da cultura de minha firma? Certificar-me de que meus objetivos e finalidades estão nítidos, mesmo se minha equipe e minha empresa não estiverem. Definir que imagem é recompensada em minha firma.
2. Tempo Determinar a velocidade da organização, da equipe e dos indivíduos.	Com que rapidez minha empresa se move? Qual o nível de urgência em meu grupo ou na minha empresa e por quê? O que preciso ajustar para me manter no ritmo certo?
3. Conhecimento Determinar como de fato se compartilham as informações.	Como as informações são de fato partilhadas? Até que ponto estou, realmente, bem informado? Aumentar minha rede de contatos para aumentar o fluxo de informações.
4. Equipe Determinar como sua equipe funciona na realidade.	Criar mais comunicações com minha equipe. Manter o ritmo com os membros da minha equipe. Com que rapidez minha equipe se move?
5. Imagem Determinar a imagem que é valorizada na empresa.	É hora de examinar se as pessoas são ou não tratadas de modo diferente, de acordo com a imagem que representam, garantir que a minha imagem está no caminho certo e que ela respalda o que quero e como quero ser conhecido.

Semana 11

Cante vitória

"Consegui um feedback *muito bom de uma moça da minha equipe sobre alguns recursos que dividi com ela. Maria disse que a matéria que lhe enviei sobre previsões ajudou-a a gerenciar seus projetos e a se manter organizada. Ela também me deu algumas dicas valiosas. É ótimo que eu esteja criando relacionamentos com os colegas de serviço.*

No geral, estou me sentindo muito bem com meus progressos. Estou adiantado com o prazo de meus projetos, venho dando uma sólida contribuição à equipe e, o mais importante, sinto que de fato faço parte da empresa."

Estamos na Semana 11, e você se aproxima da conclusão de suas primeiras doze semanas. Até aqui, está se tornando um membro plenamente capacitado da equipe e da empresa. Tem seus contatos, aprofunda-se em seus projetos e nada como um campeão. Seus esforços merecem reconhecimento!

Como parte do reconhecimento por seu progresso, na décima primeira semana você identificará destaques daquilo que atingiu nas semanas anteriores. Você passou por muita coisa: nadou com os tubarões, fez novas amizades, navegou por águas difíceis e descobriu um mundo novo.

Na Semana 11 você continuará a colocar em prática suas aptidões e seguirá adiante com seus projetos. Concentre-se, identificando como se aprimorou durante os últimos dois meses e, claro, descobrindo oportunidades para aprimorar suas aptidões.

Semana 11	Objetivo geral: determinar suas realizações e áreas de aprimoramento
Aptidões Nadar ou Afundar	**Atividades**
1. Objetivos	Identificar seus sucessos e as áreas de aprimoramento.
2. Tempo	Determinar suas aptidões de gerenciamento de tempo.
3. Conhecimento	Determinar como você pode partilhar conhecimentos com mais eficiência.
4. Equipe	Verificar suas aptidões de colaboração e de treinamento.
5. Imagem	Verificar suas aptidões de rede de contatos e sua mensagem de relações-públicas.

1. Objetivos

Você passou a semana anterior examinando a realidade da nova empresa e, em resposta, revisou suas estratégias e técnicas. A Semana 11 deverá ser dedicada ao exame de suas aptidões para definir objetivos e determinar seu êxito estabelecendo objetivos, marcos e prazos nítidos. Também definirá áreas de aprimoramento a fim de ter certeza de que seus objetivos o estão levando para o sucesso.

A fórmula do sucesso

Este é um período empolgante: o final do seu terceiro mês no emprego está se aproximando! É importante examinar a evolução dos seus projetos e, num grau mais amplo, da sua técnica e dos seus métodos para o sucesso de seus objetivos. Seu êxito se baseia naquilo que você atingiu, bem como em aprender o que é necessário para estabelecer e realizar suas metas. Elas são exclusivas, assim como a forma como você trabalha para a realização delas.

Na construção de sua consciência para atingir seus objetivos, é importante ser capaz de defini-los e alcançá-los de maneira coerente. Cada pessoa tem uma técnica diferente. Alguns precisam traçar e identificar cada detalhe ínfimo; para outros, bastam marcos de alto nível. Há pessoas que vivem protelando e necessitam de prazos de entrega iminentes para obter motivação, enquanto outras gostam de regular a própria velocidade durante períodos mais prolongados.

Conforme você identifica os objetivos que realizou e para os quais está se empenhando, leve em conta sua fórmula de campeão. Identifique nessa fórmula os ingredientes que deseja manter e os que merecem um ajuste.

Vamos começar comparando sua atual situação com aquela de quando começou no emprego. Além de seu pé de coelho da sorte, quais os fatores que contribuíram para seu êxito?

- **Boa noção de tempo?** Estava no lugar certo, na hora certa? Fez pesquisas (conhecimento) suficientes para saber que determinados indivíduos eram importantes para seu projeto e, quando os via, fazia as perguntas corretas? Foi pura sorte essa sua noção de tempo ou apenas o resultado de perspicácia e conhecimento?
- **Bom planejamento?** Sem dúvida! Hoje você sabe que um bom planejamento faz uma diferença enorme. Conheça seus marcos e certifique-se de se dar tempo suficiente para cada etapa de seu projeto.
- **Boa execução?** Lógico! Sua capacidade de planejar e, em seguida, implementar seu plano é o segredo. Sua capacidade de planejar rápida e completamente e seu impulso ativo rumo aos resultados são o equilíbrio que todo funcionário gostaria de ter. As aptidões que possui e as perguntas que sabe fazer tornam sua capacidade de completar as tarefas muito maior e bem mais eficiente.

Contribuições à equipe

Há um último item importante que você deve examinar antes de passar para a próxima seção. Enquanto pensa nas suas realizações dos dois meses e meio passados, qual foi sua contribuição para a equipe? Não se trata de como desempenhou seu papel dentro dela, e sim se atingiu os objetivos e as expectativas de seus companheiros. Atendeu, superou ou ficou aquém?

Sua equipe pode ser seu maior incentivador ou seu pior pesadelo. Isso tem a ver com atingir objetivos. Se a equipe puder mesmo confiar que cumprirá o prometido e efetuará um serviço de qualidade e dentro do prazo, você aumentará a probabilidade de cair nas graças de seus companheiros. Nesta seção, pense sobre suas contribuições à equipe. Tiveram de pedir a você mais de uma vez? Tiveram de fazer você praticar cada etapa de cada peça do quebra-cabeça? Você contribuiu de maneira ativa e deu respaldo ao sucesso geral da equipe?

É importante examinar sua evolução e suas realizações para definir o que você fez e funcionou, e identificar o que precisa ser ajustado. Pense nisso como uma sintonia fina. Como uma peça de um mecanismo, seja de um piano de cauda Steinway, seja de um Porsche *twin-turbo*, faça a sintonia fina para melhorar o seu desempenho.

2. Tempo

Passemos agora ao tema gerenciamento de tempo, com freqüência temido. O alicerce do sucesso de todo presidente executivo é o aproveitamento máximo do tempo. Na condição de um titã empresarial iniciante, você precisa ter claro que o gerenciamento de tempo é uma aptidão que vale a pena aprimorar. Enquanto você se recorda de seus dois meses e meio passados, examine sua rotina e sua capacidade de priorizar e de fato executar seus projetos de forma oportuna.

A rotina diária

Você entrou no fluxo da rotina no seu trabalho. Que grande oportunidade essa de registrar suas aptidões de gerenciamento de tempo e ter certeza de que elas o estão ajudando a realizar suas tarefas. Como sua rotina de trabalho o vem ajudando? Você entra e sai do serviço em horários decentes, que atendem às expectativas tanto de sua equipe como da sua família? Como sempre, certifique-se de que dá a si próprio tempo suficiente para não ficar estressado no congestionamento nem batendo sua cabeça no volante por não ter saído mais cedo.

Parabéns se sua rotina estiver se tornando uma ciência! Caso ainda a esteja acertando, eis alguns lembretes para pensar sobre o que é necessário para ela funcionar:

- Certifique-se de chegar às reuniões no horário. As pessoas não vão esperar por você nem é profissional chegar atrasado.
- Retorne telefonemas e e-mails de maneira oportuna. Sim, talvez você seja bombardeado por duzentos e-mails diariamente. Terá de aprender a enfrentá-los e se livrar deles até o final de cada dia, de modo a não se sentir para trás no início do dia seguinte.
- E-mails são aquelas coisas temidas que se acumulam e deixam você com a sensação de atraso. Determine se eles são AI (apenas informativos) ou solicitações para você executar uma tarefa. As solicitações acabam por se tornar itens de sua lista de tarefas e os e-mails AI são simplesmente para ler com atenção.
- Não deixe os e-mails para depois, a menos que esteja desesperado para ir embora. Não permita que se acumulem! Ainda é cedo demais para você deixar que isso aconteça.

O jogo das prioridades

Nem tudo pode ser feito amanhã; é preciso descobrir o que é urgente e o que pode esperar. Nesses dois meses e meio, o que você conseguiu priorizar com êxito? Como isso deu certo? Qual foi a resposta à sua capacidade de priorizar?

Se você é o tipo de pessoa que se sente mal dizendo não aos outros, é hora de superar isso. Para ser o rei da prioridade, há momentos em que deve dizer não. A maioria das pessoas não gosta de ouvir um "não"; use essa palavra com moderação e aprenda a dizê-la com eficiência.

"Mas eu já sei como dizer não". Um simples "não" pode sair como grosseria e falta de senso de equipe. Ao dizer "não", sempre dê um motivo e outras opiniões, como uma recomendação para quando pode oferecer ajuda, outras pessoas que podem auxiliar ou partes que você conseguirá fazer. Ajude a outra pessoa a criar opinião própria.

À medida que observa sua capacidade de priorizar, certifique-se de priorizar as coisas certas. É ótimo você priorizar. É a primeira etapa. A segunda é ter certeza de que aquilo que você julga importante também é para os outros (ou seja, seu gerente e sua equipe). A maioria começa com boas intenções, mas sua lógica nem sempre é um bom juiz. Se estiver inseguro, verifique com seu gerente e compartilhe com ele os itens que considera prioritários e justifique. Obtenha opiniões para ter certeza de que se encontra na direção certa.

Tempo de execução

Você está executando os trabalhos dentro do prazo? O tipo de execução do qual estamos falando diz respeito à realização de suas tarefas. Embora "execução" tenha um sentido negativo, é uma palavra usada com freqüência nas empresas. Se você não executar com base em seu planejamento, ele não servirá para nada. É como se você não tivesse feito nada.

Execução tem a ver com tirar seus projetos do papel. Pense no seu êxito quando executa planos em seu ambiente de trabalho. Tendo em vista o que aprendeu sobre o ritmo de sua empresa, de seu departamento, de sua equipe e das pessoas, você está executando as tarefas em coerência com o ritmo dos outros? Conseguiu cumprir os planos e as promessas feitas?

Como você utilizou diversos instrumentos e diversas técnicas, tais como sua lista de tarefas, para ajudá-lo a manter-se concentrado no que precisava fazer de um dia para o outro? Sua capacidade de realizar seus projetos de alta qualidade de maneira oportuna é extremamente importante. Prossiga com esse ótimo trabalho e continue colocando seus planos em ação!

3. Conhecimento

Tal como uma gigantesca rede de um navio de pesca comercial, você vem abarcando tanta informação e tantos conhecimentos novos quanto possível. Parte do que apanhou você devolveu, e uma parcela do que acumulou vale a pena guardar. Nesta seção, examine as informaçoes e aptidões que adquiriu e leve em conta maneiras de se certificar de que está no rumo certo para compartilhar seus recursos de conhecimento com aqueles ao seu redor. Durante esses dois meses e meio passados, você foi uma esponja. Esprema a si mesmo em retribuição caso não o tenha feito até agora.

Aptidões que aprendeu

Antes de você renovar sua estratégia de partilha de conhecimentos, vamos observar mais de perto os conhecimentos e informações acumulados de modo a saber exatamente o que partilhar e com quem. Faça um inventário do que aprendeu nas semanas passadas e em outras parcelas de conhecimento que você imagina possam ser úteis a outras pessoas. Conforme faz isso, registre seus conhecimentos. Leve em conta o que aprendeu e como encontrou esses conhecimentos. Foi com as pessoas à sua volta? Com as aulas que teve? Pelos livros que leu? Pela pesquisa que fez? É incrível a quantidade de informações que você pode obter num espaço de tempo tão pequeno. Sua capacidade de conseguir informações é o que continuará conduzindo o seu sucesso. Faça um retrospecto: quais fontes você acha que funcionaram melhor no seu caso? A melhor maneira de colher informações é mantendo os olhos e ouvidos abertos e fazendo perguntas inteligentes.

Quem e o que você conhece

Além do que aprendeu e das aptidões adquiridas nos dois meses e meio que se passaram, verifique sua rede de contatos. Neste momento, você deve ter em mãos uma rede crescente de colegas de serviço e até mesmo de pessoas de fora de sua empresa para quem pode pedir informações. Durante essas onze semanas, ficamos dando-lhe empurrõezinhos e o instigando para assegurar que você não somente obtivesse informações novas e novos conhecimentos das pessoas ao seu redor, mas também dividisse o que sabe. Antes de cantar vitória, identifique quaisquer oportunidades de reforçar sua rede de contatos.

Trinta minutos ou menos: entregar é tudo

Entrega não tem a ver apenas com pizzas. Também diz respeito a como você apresenta o que tem a compartilhar com os outros. Você está quase pronto para apertar os parafusos de sua rede de conhecimentos. Contudo, antes de você agarrar o telefone e começar a ligar para os colegas de serviço, vamos parar um pouco e refletir sobre suas incursões anteriores nesse terreno. Considere o que deu certo quando você partilhou e também aquilo que não se mostrou tão eficiente. Mais à frente, não se esqueça de levar em conta estas regras simples:

1. **Conheça seu público**: identifique que informações específicas são relevantes para as necessidades dele.
2. **Crie um pacote**: torne as informações o mais consumíveis que puder para seu público.
3. **Entregue o pacote**: identifique a forma mais eficaz de compartilhar seus itens de valor.
4. **Verifique o valor**: faça um *follow up* com seu público para confirmar o valor ou o benefício do que foi compartilhado e se há informações adicionais que seriam úteis.

4. Equipe

Suas aptidões de trabalho em equipe dizem respeito a cooperação e treinamento. Faça um retrospecto: como foi sua pró-atividade na criação de relacionamentos com seus colegas de serviço e para garantir que você deu o máximo como membro de equipe? Conforme vão sendo encerradas as suas doze primeiras semanas no emprego, mantenha o impulso e continue a cooperar e a treinar sempre que as oportunidades surgirem. Dado o seu ponto de vista sobre o ambiente de trabalho real, verifique suas aptidões de treinamento e defina o que é necessário ajustar, de modo a ter certeza de que você continua se movimentando com êxito em seu ambiente de trabalho.

Como dar uma mão

As aptidões de cooperação são o que há de mais profundo em ser um membro de equipe. Em sua décima primeira semana, verifique essas aptidões. Com base em seu trabalho de detetive da semana passada, você percebeu que seu ambiente de trabalho pode ou não instigar um clima envolvente de equipe. Isso, sem dúvida, influencia o grau de demonstração de suas aptidões de cooperação, pois talvez nem sempre seja proveitoso ou politicamente sensato. No entanto, sempre é mais seguro desviar para o lado de ser prestativo do que não fazê-lo.

Defina a si próprio onde existem oportunidades para colaborar e onde você pode precisar agir com cautela. Alguns colegas de serviço sempre podem estar dispostos a um trabalho em grupo, enquanto outros se retraem ou ficam indignados com trabalhos em grupo obrigatórios. Não desanime se a princípio as pessoas não receberem de braços abertos sua disposição em colaborar; basta usar um pouco de bom senso e saber onde e quando fazer um esforço extra. Talvez leve tempo até a equipe se animar e confiar em você. Assim, continue trabalhando com afinco.

Examine seus esforços de cooperação e leve em conta as questões abaixo.

1. Você se fecha rápido todas as vezes que tem oportunidade? Evita responsabilidades extras por medo de se sobrecarregar?
2. Como seu ambiente de trabalho dá respaldo à cooperação?
3. Quando você ofereceu sua ajuda, achou que a experiência foi pessoalmente gratificante? Ela fortaleceu seu compromisso com o trabalho?
4. Como suas tentativas de cooperação contribuíram para fortalecer seus relacionamentos com os outros, no trabalho?

"Sim, cooperação é tudo pra mim!", você pode pensar. Contudo, o verdadeiro teste consiste em saber se as outras pessoas o definem ou não como alguém que coopera. Se a percepção é a realidade, o que pensam sobre suas aptidões de cooperação determina a sintonia fina, que talvez seja necessária à medida que você avança em seu emprego.

Para confirmar que você, de fato, coopera com "C" maiúsculo, converse com alguns colegas de serviço para verificar se sua percepção bate com a deles. Será que você precisa arregaçar mais as mangas para ajudar? Precisa envolver mais pessoas em seus projetos para certificar-se de que as necessidades delas se refletem no produto final? Precisa demonstrar que se preocupa com as opiniões alheias? Seus aprimoramentos menores em suas aptidões de cooperação vão fornecer-lhe um retorno fora de série, do tempo e da energia investidos.

Quando você tem êxito, eu tenho êxito

As aptidões de treinamento são uma extensão natural de suas aptidões de cooperação. Como você sabe, treinar não tem a ver com sua disposição em ajudar com algumas poucas palavras gentis de inspiração. Para ser um treinador eficaz é preciso compreender um desafio ou uma oportunidade que alguém esteja enfrentando e trabalhar com essa pessoa de modo a identificar e implementar um curso de ação.

Suas aptidões de treinamento podem desempenhar um papel e tanto para ajudar os outros a atingir seus objetivos e os membros da sua equipe a aprender. Cada indivíduo da equipe possui uma formação distinta e um conjunto de experiências diferente. Há uma ampla gama de aptidões e conhecimentos. Suas aptidões de treinamento podem ajudar sua equipe ou seus colegas de serviço a compreender e utilizar as percepções e formações diversas que cada um traz para a empresa. Conforme você define a qualidade de seu treinamento das pessoas de sua equipe, tenha em mente que a nova perspectiva que você fornece é o motivo pelo qual foi contratado.

Como tem sido sua capacidade de treinar os membros de sua equipe? À medida que surgem os problemas, você os ajuda a falar sobre a situação, fazendo perguntas? Isso os ajuda a pensar na situação. Ou será que você dá imediatamente sua opinião? Você espera para ouvir o que está se passando? De que nível de sintonia fina você necessita em suas aptidões de treinamento para ter certeza de que tem êxito ao ajudar as pessoas?

Independentemente de sua posição na firma, treinar diz respeito à sua atitude em relação a ajudar os outros a descobrir uma solução e tem a ver com sua aptidão para fazer perguntas realmente inteligentes que chegam ao âmago da questão.

5. Imagem

Desde que iniciou em seu novo emprego, você vem dando a impressão correta à sua equipe, a seus colegas de serviço e à sua empresa. Suas aptidões de imagem tiveram uma importância crucial para o modo como todos o vêem. Sua aparência, sua atitude e sua conduta evoluíram de "É assim que quero ser" para "Este sou eu".

Antes de concluir que você é o gênio das relações públicas, faremos um exame rápido, a fim de garantir que você, de fato, é tudo aquilo que pode ser. Estabeleça seus pontos de vista em termos de suas boas realizações com relação às aptidões de comunicação, à mensagem de relações-públicas e à rede de contatos. Em seguida, determine áreas para efetuar a sintonia fina, a fim de que sua imagem profissional fique saliente.

Aptidões de comunicação

Suas aptidões de comunicação verbais e não-verbais são as primeiras características que as pessoas percebem. Elas transmitem sua imagem profissional. Você tem feito um ótimo trabalho nesses dois meses e meio, quanto a ter certeza, mais do que nunca, de deixar claro como você se retrata. Um novo ambiente de trabalho é sempre o melhor local para começar do zero e criar as impressões que você quer que tenham a seu respeito. Vamos determinar o que você realizou com relação às suas aptidões de comunicação verbais e não-verbais.

- **Sua aparência profissional** – Como é a sua aparência? As pessoas olham para você e automaticamente pensam que está vestido de acordo? Como você tem certeza de que fica arrumado e com as unhas bem tratadas? Não deixe nada disso passar despercebido. Você tem feito um trabalho fantástico quanto a retratar uma imagem profissional.
- **Sua linguagem corporal** – As pessoas sabem, ao vê-lo, que você está aberto e disposto a ajudar? Em sua linguagem corporal, como você demonstra sua satisfação e também que está incentivando as pessoas com sua presença? Como fica sentado nas reuniões (isto é, inclinado para a frente durante uma conversa ou de braços cruzados e inclinado para trás em sua cadeira)? Como está usando seu rosto para transmitir uma imagem positiva (ou seja, está sorrindo e olhando nos olhos ou com o cenho franzido e admirando distraidamente as nuvens)?
- **Suas aptidões ativas para escutar** – Como anda sua aptidão para ouvir os outros? Como faz para ter certeza de que espera que terminem a frase para não os interromper? Você está repetindo as palavras essenciais e dizendo com as suas próprias o que lhe foi falado, para confirmar que estava ouvindo e compreendendo o ponto de vista da pessoa?
- **Suas aptidões de criação de afinidade** – Como você cria afinidade com as pessoas? Está tendo conversas informais e aprendendo sobre as vidas profissional e pessoal dos outros? Como está fazendo para se adequar ao tom de voz, às palavras essenciais e à lingua-

gem corporal das pessoas a fim de ficar sintonizado com elas e criar um clima de conforto e confiança?

- **Suas aptidões de solicitação** – Como você faz suas solicitações para as pessoas? São pedidos específicos em termos do que é solicitado e quando precisa? Suas solicitações são atendidas? Está se sentindo tímido ou à vontade quanto a fazer pedidos?

Enquanto você comemora suas realizações na criação de suas aptidões de comunicação, sempre existe algo que pode ajustar e ao qual dar mais atenção. O desenvolvimento de aptidões sólidas de comunicação é tarefa para toda a vida. Continue praticando!

Sua mensagem de relações-públicas agitando

Sua mensagem de relações-públicas ajuda os outros a criar um conceito de quem você é e no que acredita. Você tem feito um trabalho formidável, transmitindo sua mensagem de modo freqüente e coerente. Vamos agora observar como ela está funcionando para você.

Quando caminha pelos corredores da nova firma, que mensagens de relações-públicas consegue perceber? Quando cruza com outras pessoas, qual você imagina seja o primeiro pensamento que brota na mente delas sobre você?

- Elas sabem em que você acredita? Você afirmou sua mensagem de relações-públicas para elas de maneira coerente?
- O conceito que os outros têm de você é coerente com o que você pretendia transmitir com sua mensagem? Você se comporta de modo coerente com suas palavras?
- A mensagem de relações-públicas global funcionou para você? As pessoas entendem quais as suas contribuições

e seus valores? Isso reflete o modo como o tratam como pessoa e nos projetos?

Conforme você examina o que alcançou até este momento, em termos da criação de sua reputação, o que mais você gostaria de acrescentar ou subtrair dessa equação? Seria útil efetuar uma sintonia fina no conteúdo de sua mensagem, na transmissão de sua mensagem ou em ambos? A sintonia fina vai garantir que você controla a percepção dos outros e como isso está funcionando a seu favor.

Quando existe um alinhamento entre como você quer ser percebido e como é percebido de fato, você aumenta a probabilidade de ser lembrado para determinados projetos ou ter suas idéias e opiniões solicitadas, pois todos sabem com o que você realmente pode contribuir.

Suas conexões

Você montou uma rede de contatos incrível por toda a empresa em um espaço de tempo muito curto. Muito bem! É fantástica a facilidade para solicitar sua rede a ajudá-lo a executar suas tarefas. Essas pessoas querem auxiliá-lo. Quais as realizações de sua rede de contatos?

- Você conhece um número suficiente de pessoas? Tinha para quem pedir ajuda quando precisou? Havia disposição para ajudar você? Se não podiam dar uma mão, você pedia para indicarem alguém conhecido que pudesse auxiliar?
- Conhece as pessoas certas? Quem, atualmente, não se encontra em sua rede e seria de grande valia que você conhecesse?
- Que pontos você marcou a seu favor com sua rede de contatos ao retribuir uma ajuda? Você fez com que as pessoas tivessem certeza de que também ajudaria, caso precisassem?

Sua rede de contatos tem sido um investimento de tempo e esforços. Você se estendeu a outras pessoas de uma forma que jamais havia feito antes. À medida que segue rumo ao sucesso na nova firma, seus relacionamentos estarão ali para lhe dar respaldo ao longo do caminho.

Junte tudo

Agora é o momento de colocar as idéias em prática para que você seja seu próprio campeão. À medida que passa sua décima primeira semana no emprego, comemore seu trabalho e suas realizações. Esta é a sua chance de reconhecer seu ótimo trabalho e se auto-incentivar a continuar treinando.

A seguir, seu guia para a agenda da semana. Complete com o que precisará fazer na Semana 11. Ao terminar a semana, e antes que você esteja pronto para o tão merecido fim de semana, empregue alguns instantes para recordar os dias que se passaram. O que deu certo? O que você aprendeu? No que quer trabalhar ou o que quer realizar na semana que vem?

Nossa! Já estamos na Semana 11! Parabéns pelo término de sua décima primeira semana de trabalho!

Guia para a sua agenda da Semana 11

(Utilize este guia para montar a sua agenda e usá-la na sua décima primeira semana de trabalho.)

Para agendar a semana de __/__/____ a __/__/____

Objetivo geral: determinar suas realizações e áreas de aprimoramento

Aptidões Nadar ou Afundar	Ações desejáveis
1. Objetivos Identificar seus sucessos e áreas de aprimoramento.	Determinar minhas realizações de projetos e minha capacidade de estabelecer objetivos claros e alcançáveis. Comemorar minha capacidade de priorizar e implementar meus planos.
2. Tempo Determinar suas aptidões de gerenciamento de tempo.	Examinar minha rotina e minha capacidade de priorizar e de fato executar meus projetos de forma oportuna. Certificar-me de que me dou tempo suficiente para não ficar estressado.
3. Conhecimento Determinar como você pode partilhar conhecimentos com mais eficiência.	Reconhecer as aptidões que aprendi e como tenho sido capaz de usá-las. Reconhecer minha capacidade de acessar as informações e pessoas necessárias.
4. Equipe Verificar suas aptidões de colaboração e de treinamento.	Sempre ter disposição para ajudar. Verificar minhas aptidões de treinamento e definir o que é necessário ajustar. Examinar meus esforços de cooperação.
5. Imagem Verificar suas aptidões de rede de contatos e sua mensagem de relações-públicas.	Comemorar minha imagem profissional. As pessoas respeitam quem sou e no que acredito. O desenvolvimento de aptidões sólidas de comunicação é tarefa para toda a vida. Devo continuar praticando! O conceito que os outros têm de mim é coerente com o que eu pretendo transmitir com minha mensagem de relações-públicas?

Semana 12

Levante as velas

"Estou concluindo três meses no emprego. Passei pelo período de experiência dos novos contratados da empresa com muito sucesso! Tem sido um belo começo. Nem sempre foi fácil. Houve desafios pelo caminho, mas sei que tomei a decisão certa ao sair do meu emprego anterior e vir para este. Posso me ver trabalhando aqui por um bom tempo. Fiz amizades e comecei a criar relacionamentos com pessoas, por meio da empresa.

Minha antiga ambição, a de ser promovido daqui a um ano, expandiu-se. Parece haver inúmeras oportunidades de crescimento, tanto em minha profissão quanto na minha carreira. A firma dá respaldo a aprendizado e treinamento contínuos. Com tantas escolhas, preciso pensar a respeito e me concentrar naquilo que quero para meu futuro. Acho que o mais importante é que me sinto parte dessa empresa. É hora de comemorar!"

Parabéns! Você chegou à Semana 12. Até aqui, sedimentou os alicerces de seu sucesso profissional. Perguntou, planejou, registrou, verificou, exercitou e aprendeu. É, você tem estado ocupado!

Antes de encerrar este programa, estabeleça sua perspectiva quanto ao futuro. Na décima segunda semana, leve em conta onde você se encontra agora, o que aprendeu e onde quer estar daqui a um ano. Visualize seu futuro e defina uma direção. Eis uma oportunidade tremenda para colocar em prática, no ano que vem, tudo o que aprendeu. Suas aptidões *Nadar ou Afundar* ficarão ainda melhores com concentração, atenção, tempo e prática.

Semana 12	Objetivo geral: determinar onde você se imagina estar daqui a um ano
Aptidões Nadar ou Afundar	**Atividades**
1. Objetivos	Determinar seu objetivo para um ano.
2. Tempo	Criar um plano com prazos específicos.
3. Conhecimento	Determinar os conhecimentos e as aptidões necessárias.
4. Equipe	Determinar as aptidões de colaboração e de treinamento necessárias para atingir seu objetivo.
5. Imagem	Determinar as áreas de conhecimento para suas aptidões de conhecimento, rede de contatos e mensagem pessoal de relações-públicas.

1. Objetivos

Agora você é "o" profissional da criação de objetivos eficientes! Como qualquer atleta bem preparado, o teste para sua capacidade é levar suas aptidões ao nível seguinte. Está na hora de ir para a primeira divisão! Qual o máximo para você estabelecer seus objetivos? Crie um objetivo para um ano. Com o sucesso deste, você pode até mesmo encarar um para cinco anos. Comecemos, por enquanto, com o objetivo para um ano, já que você está na empresa há apenas três meses. Ponha para trabalhar as aptidões que aprendeu durante esse tempo. Está na hora de içar as velas e seguir rumo ao pôr-do-sol.

O quadro geral

O que significa pensar no "quadro geral" e qual a importância disso para definir seu objetivo para um ano? Para resumir, sua vida é o "quadro geral", e um objetivo para um ano diz respeito à evolução em sua vida. Você tem potencial para alcançar tudo o que estabelecer à sua mente. Serão necessários concentração, dedicação e esforço da sua parte. O lado maravilhoso e empolgante disso é que você tem a aptidão de definir um objetivo e alcançá-lo. Uma forma muito sólida de pensar sobre o que você deseja alcançar é em termos do que você deseja criar e compartilhar em seu ambiente de trabalho: seu legado profissional.

Em todos os ambientes de trabalho, você tem uma chance de criar algo que vai permanecer depois que abandonar a equipe, o grupo, o departamento ou a empresa. Como as impressões digitais, o legado profissional que você cria reflete suas aptidões e habilidades exclusivas. Ele pode assumir diversas formas, inclusive a apresentação de novas maneiras de executar um trabalho, um novo produto ou serviço ou relacionamentos e mudanças em termos de como membros de equipes e colegas de serviço trabalham juntos. Seu legado profissional também é algo que você leva consigo. É parte de quem você é, sua experiência profissional e sua identidade.

Seu objetivo para um ano é muito importante. Você vai empregar seu tempo e seus esforços em um resultado. Vai querer que esse resultado o torne uma pessoa realizada e o deixe tão empolgado que vai continuar trabalhando a favor dele, apesar dos possíveis contratempos.

Para começar a identificar seu objetivo para um ano, leve em conta as questões a seguir: onde você quer se ver daqui a um ano? O que você acha gratificante realizar dentro desse prazo? Você quer ser responsável por criar o quê em seu emprego?

Determine-se para atingir o sucesso, considerando a realidade de seu ambiente de trabalho e o que você tem sido capaz de realizar em três meses. Enquanto você pensa no que quer alcançar, pondere sobre as realidades do que é possível e, ao mesmo tempo, force os limites. Não basta criar um objetivo fácil de atingir. Deve ser algo que tenha significado para você e que o obrigue a extrair o melhor de seus talentos.

À medida que ganha experiência em estabelecer objetivos, você sabe que, assim que estabelece uma perspectiva sobre algo, é hora de passar pelas etapas que lhe darão a certeza de que você está determinado para o sucesso.

Enquanto ainda estiver trabalhando na direção de seu objetivo para seis meses, tenha em mente como esses dois objetivos podem se encaixar. Assim como nas suas experiências anteriores, para definir objetivos tanto para um projeto como para o prazo de seis meses, seu objetivo para um ano não é diferente. Só é maior e vai exigir algumas etapas a mais e, é claro, paciência e perseverança.

Certifique-se de que seu objetivo é alcançável: sob controle, definido com clareza, num tamanho que pode ser administrado e concluído em um ano. Tome nota dele. A seguir, assegure-se de que identificou quaisquer recursos e dependências essenciais. Defina os marcos correspondentes a cada etapa de seu objetivo. Em seguida, identifique os prazos e as datas para cada um de seus marcos. Agora você tem a fórmula do campeão!

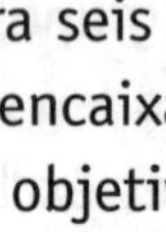

2. Tempo

Conforme você define sua perspectiva sobre o futuro e, especificamente, sobre os próximos doze meses, será mais importante do que nunca continuar colocando em prática e desenvolvendo, de modo coerente, suas aptidões de gerenciamento de tempo. A última coisa que você quer que aconteça é descobrir, depois de doze meses, que está coçando a cabeça e imaginando onde foram parar aqueles meses sem nada para mostrar.

Suas aptidões com o tempo são uma parte fundamental na criação de cronogramas realistas e no gerenciamento de sua agenda diária e suas tarefas, de modo que você esteja trabalhando na direção de seus objetivos. Com relação a seus projetos, esteve fazendo um ótimo trabalho. Agora é tempo de aplicar essas suas aptidões ao que deseja e onde pretende estar dentro de um ano.

Os pormenores

Agora que esboçou seus marcos e inseriu algumas datas, o segredo para gerenciar seu tempo começa em saber como distribuí-lo para as várias tarefas e vários marcos. Será que seu cronograma está muito agressivo, ou não está agressivo o suficiente? Você levou em conta seu tempo e o tempo de outras pessoas? E quanto a interrupções ou prioridades?

Assim que inserir marcos realistas, crie uma lista de tarefas para cada um dos marcos. Dessa forma, você terá itens nos quais se concentrar, seja nas vezes em que seus objetivos precisarem de uma maior concentração de sua parte quanto aos projetos atuais, seja quando forem necessárias atividades além das suas responsabilidades normais. Eis sua oportunidade de praticar o que você aprendeu nesses três meses passados!

3. Conhecimento

A sabedoria, o conhecimento e as informações oriundos de inúmeros indivíduos à sua volta vão desempenhar uma função valiosa, ajudando-o a atingir com êxito seu objetivo para um ano. Como parte de seu objetivo final, observe mais de perto os recursos de conhecimento de que vai precisar e quando necessitará deles. Isso o ajudará a ter certeza de que dispõe dos equipamentos apropriados para navegar rumo ao pôr-do-sol.

O que pode aprender

Cientistas que pesquisam nos locais mais profundos do oceano descobriram que animais marinhos invertebrados se adaptam e modificam seu comportamento de acordo com o ambiente – eis aí uma boa sugestão para você. Enquanto reflete sobre onde quer estar daqui a um ano, pense nas aptidões de que você precisa e ainda não possui.

Sabemos que você está se saindo bem, mas pense nas possibilidades que vão se abrir, caso se torne ainda mais sensato em uma área específica. Que área seria essa, afinal? O que seria de imensa utilidade para você aprender este ano, de modo a fazê-lo chegar onde quer, no fim do horizonte? Levando em consideração que uma esponja do mar pode se aprimorar, imagine só o poder que você tem para realizar!

Talvez seja contagioso

Talvez tenha percebido, agora, que os recursos de conhecimento e informação mais valiosos vêm das pessoas à sua volta. Seja por meio de conversas informais, seja por meio de um processo de aconselhamento mais formal, o valor do que as pessoas sabem continuará sendo um recurso fundamental à medida que você progride em seu objetivo para um ano. As pessoas ao seu redor detêm enormes quantidades de conhecimento e sabedoria. São o recurso perfeito para o seu aprendizado. Podem fornecer-lhe as experiências e os aprendizados diretos que possuem, mostrar-lhe uma nova direção a seguir ou indicar você a alguém que tenha as informações referentes ao assunto desejado. O segredo aqui são as pessoas. Crie e cultive relacionamentos com os outros e você encontrará aberta uma imensa janela de oportunidades.

4. Equipe

Você percebeu que repetimos várias vezes que ter uma postura de participante de equipe é um dos segredos do sucesso. Não se esqueça disso: sempre existirão muitas oportunidades para você cooperar e servir de treinador.

Cooperação

Suas aptidões de cooperação têm uma importância tremenda. Quando se trata desse assunto, é surpreendente como tantas pessoas em empresas perdem ótimas oportunidades. Guerras de disputa de território, egos do tamanho de um campo de futebol e falta de paciência – tudo isso evita que a cooperação floresça.

Sim, o ambiente de trabalho hoje em dia nem sempre pode parecer utópico e, às vezes, talvez você se sinta como um salmão esgotado que queimou toda a gordura enfrentando as corredeiras mais ferozes. Mas não desista! Continue a liderar pelo exemplo. Você ergueu uma base e tanto com os membros da sua equipe e colegas de serviço e, como em qualquer jardim, é preciso manutenção, uma dose de fertilizantes e nutrientes.

Enquanto observa seu objetivo para um ano, pense a respeito de quem você quer envolver em seus esforços. Leve em conta colegas de serviço de confiança ou especialistas que você identificou e que possuem pontos de vista valiosos. Quanto mais cedo você envolver os outros e os tornar parte de suas metas, maior a probabilidade de lhe darem respaldo para elas. Dado o fato de que você agora é um profissional da cooperação, certifique-se de que seus objetivos para um ano correspondam à sua disposição de auxiliar quem está atolado de serviço e, ao mesmo tempo, buscar a ajuda de outros profissionais e colegas.

Treinamento

Embora seja importante continuar prestando auxílio aos outros por meio de treinamento, também é importante que você procure ser treinado, de modo a levar seu jogo para o próximo nível. O treinamento vai ajudá-lo a descobrir que outros fatores desempenham um papel importante em seu objetivo para um ano, e que talvez você nem tenha considerado.

Do mesmo modo como você não tem todas as respostas quando está treinando um companheiro, os membros da sua equipe não necessariamente têm as respostas para as suas dúvidas. Precisam apenas ser bons ouvintes e fazer boas perguntas para ter certeza de que você não deixou nenhuma questão em aberto.

5. Imagem

À medida que o mundo se transforma ao seu redor, o mesmo vai acontecer com sua necessidade de examinar e modificar continuamente suas aptidões de imagem. Ela também vai precisar ser ajustada, conforme seus objetivos profissionais forem mudando.

Com o passar das semanas, você fez sua imagem evoluir de modo a refletir o que você quer. Conforme olha na direção de seu objetivo para um ano, defina quais as mudanças que deverão ocorrer em sua imagem. Identifique as áreas para desenvolver suas aptidões de comunicação, de relações-públicas e de criação da rede de contatos. Para atingir seu objetivo para um ano, será importante continuar prestando bastante atenção em como sua imagem dá respaldo a seu objetivo.

Lembre-se: você é um profissional o tempo todo. Diga, mostre e faça. Não se deixe passar despercebido e mantenha o bom trabalho!

Para que você seja o superastro durante esse ano, certifique-se de que suas aptidões de comunicação verbal e não-verbal sejam coerentes com a imagem profissional que você deseja.

- O que você terá de começar, ou continuar a fazer, a fim de parecer e agir como um superastro?
- O que você falará às pessoas? Que tom de voz quer usar?
- Qual a importância de suas aptidões de ouvir atentamente, criar afinidade, perguntar e comunicar?
- Que mensagem de relações-públicas quer que os outros ouçam sobre você?

Mensagem na garrafa

Sua mensagem de relações-públicas permite que saibam o que você considera importante. Embora não saia por aí dizendo a todos que não vê a hora de ser convidado para liderar o projeto X, pode, decerto, revelar às pessoas que, para você, liderar esse projeto seria um desafio, uma recompensa, uma experiência e tanto. Observe a diferença de tom entre as mensagens. A primeira demonstra arrogância e que você está ansioso, cheio de suposições. A segunda demonstra humildade, entusiasmo e descreve seus valores. Assim como em seu objetivo para seis meses, é importante enfatizar não o que você quer, mas os valores que traz.

Que mensagem de relações-públicas você quer transmitir sobre seu objetivo para um ano? Que conceito quer que os outros tenham a seu respeito? De curioso? De qualificado? De entusiasmado? Seja você o juiz. O objetivo é seu. Faça dele o seu destino!

Continue montando sua rede de contatos

Só porque você se encontra no ponto final do programa isso não quer dizer que deve parar de dar atenção à montagem e ao fortalecimento de sua rede de contatos. Suas aptidões nesse sentido são fundamentais para seu sucesso continuado. Seus relacionamentos vão lhe dar respaldo quando você estiver oscilando entre a alegria e a tristeza.

Talvez você ache que já conhece bastante gente, mas as coisas mudam. Pessoas abandonam seus cargos e empresas, e param de retornar seus telefonemas. Não coloque todos os ovos de sua rede de contatos numa única cesta. Busque mais longe e mais abertamente!

Com relação a seu objetivo para um ano, pense em quem mais você precisa conhecer. Em que direção quer que sua rede cresça? Para que você conheça mais assistentes administrativos?; para criar mais relacionamentos com os gerentes de projetos?; para conhecer outras pessoas em departamentos diferentes da sua empresa? Conforme se concentra em suas aptidões da rede de contatos e vai ampliando a extensão dela, certifique-se de que esta se expande na mesma direção em que você deseja estar.

Cercar-se de colegas que pensam como você cria uma rede de contatos de enorme apoio, à medida que embarca em sua nova jornada. Divirta-se!

Junte tudo

Agora é o momento de colocar as idéias em prática... e nem é pela última vez, ainda! Isso continuará pelo resto da sua carreira.

À medida que passa sua décima segunda semana no emprego, é importante comemorar todo o trabalho, todas as aptidões que você atingiu ao longo desses três meses! Parabéns! A atenção dada nos três meses passados, de modo a cuidar de si próprio e de sua carreira, concretizou-se em alicerces bem construídos.

Conforme você segue pelas aventuras da vida e da sua carreira, certifique-se de que suas *Aptidões Nadar ou Afundar* continuam a erguer as bases que você já criou.

A seguir, seu guia para a agenda da Semana 12. Insira o que precisará fazer nesse período para ter certeza de que içou as velas e continua praticando tudo o que aprendeu nesse período de três meses. Antes que esteja pronto para o tão merecido fim de semana, empregue alguns instantes para recordar os últimos cinco dias e os três meses mais recentes. Você realizou um bocado de coisas e ainda há muitas oportunidades no horizonte.

Parabéns pelo término de sua décima segunda semana de trabalho! Seja seu próprio campeão e continue a nadar!

Guia para a sua agenda da Semana 12

(Utilize este guia para montar a sua agenda e usá-la na sua décima segunda semana de trabalho.)

Para agendar a semana de __/__/____ a __/__/____

Objetivo geral: determinar onde você imagina estar daqui a um ano

Aptidões Nadar ou Afundar	Ações desejáveis
1. Objetivos Determinar seu objetivo para um ano.	Definir o que desejo fazer e onde quero estar em minha carreira dentro de um ano a partir de agora.
2. Tempo Criar um plano com prazos específicos.	Criar um cronograma realista. Certificar-me de que me atenho a ele e o reexamino conforme necessário.
3. Conhecimento Determinar os conhecimentos e as aptidões necessárias.	Determinar o que é preciso aprender e conhecer a fim de atingir meu objetivo para um ano.
4. Equipe Determinar as aptidões de colaboração e de treinamento necessárias para atingir seu objetivo.	Cooperar com os demais e treiná-los. Conseguir que outros me treinem para que eu possa implementar meu objetivo para um ano.
5. Imagem Determinar as áreas de conhecimento para suas aptidões de conhecimento, rede de contatos e mensagem pessoal de relações-públicas.	Concentrar-me em minhas aptidões de imagem. Definir como quero ser conhecido dentro de um ano a partir de agora e evoluir de modo impressionante com relação a essas aptidões. Iniciar minha lista de tarefas para a próxima semana.

Mantenha-se motivado

Agora que você concluiu este livro, não quer dizer que vai parar de utilizar suas *Aptidões Nadar ou Afundar*. À medida que continuar a praticá-las, lembre-se de ser sempre seu próprio campeão.

Sua função é construir um relacionamento sólido entre você e seu empregador. Você tem o poder de controlar as opções que faz.

1. Sempre busque por oportunidades, em quaisquer situações.
2. Conheça seus pontos fortes e onde pode contribuir com valor.
3. Saiba quando e como pedir ajuda.

Desejamos a você sucesso!
Seja sempre o seu próprio campeão.

Este livro foi impresso pela Prol Gráfica
em papel *offset* 75g.